Basiswissen

Politik / Geschichte / Ökonomie

Ulrich Schneider

Arbeiterwiderstand im Dritten Reich

PapyRossa Verlag

Eine Übersicht aller Titel der PapyRossa-Reihe
Basiswissen Politik / Geschichte / Ökonomie
finden Sie unter shop.papyrossa.de/basiswissen

Luxemburger Str. 202, D-50937 Köln

Tel.: +49 (0) 221 – 44 85 45
Fax: +49 (0) 221 – 44 43 05
E-Mail: mail@papyrossa.de
Internet: www.papyrossa.de

Druck: Interpress

Die Deutsche Bibliothek verzeichnet diese Publikation in der Deutschen Nationalbibliografie; detaillierte bibliografische Daten sind im Internet über http://dnb.d-nb.de abrufbar

ISBN 978-3-89438-828-7

Inhalt

Einleitung

Die Erinnerung an den Arbeiterwiderstand – heute notwendiger denn je

Wer sich mit der Geschichte des antifaschistischen Widerstands in Deutschland beschäftigt, wird in der vorherrschenden Darstellung eine Reihe von zentralen Namen und Gruppen finden. Staatlicherseits wird an den 20. Juli 1944, das Attentat auf Adolf Hitler erinnert. Verbunden damit sind auch die Angehörigen des »Kreisauer Kreises« Teil der öffentlichen Erinnerung. Natürlich sind – nicht nur durch Film und intensive mediale Aufbereitung – die Geschwister Scholl sowie die Gruppe »Weiße Rose« bekannt. Nach langer Zeit des Beschweigens ist jetzt auch Georg Elser, der mit seinem gescheiterten Attentat im Münchener Bürgerbräu-Keller den Krieg verhindern wollte, in der öffentlichen Aufmerksamkeit.

In zahlreichen Darstellungen findet man Hinweise auf die aufrechte Haltung von Angehörigen der christlichen Kirchen, die für ihre Überzeugung selbst Verfolgung und KZ-Haft in Kauf nahmen. Für die ersten Monate des Jahres 1933 liest man manchmal noch etwas von dem SPD-Fraktionsvorsitzenden Otto Wels und seiner Ansprache im Reichstag gegen das »Ermächtigungsgesetz«. Zumeist wird dies mit dem Hinweis auf das Verbot der SPD wenige Wochen später verbunden. In diesem Mainstream klafft jedoch eine erhebliche Lücke, weil der tatsächlich geleistete Massenwiderstand aus den Reihen der

Arbeiterbewegung weitgehend ausgeblendet oder in seiner realen Bedeutung minimiert wird.

Untersucht man den bekannten Umfang antifaschistischen Handelns der Arbeiterorganisationen, dann überrascht diese Ignoranz umso mehr. Zudem gab es Zeiten, in denen die Wahrnehmung dieser Thematik selbst in der bundesdeutschen Geschichtswissenschaft deutlich intensiver war. Aber das war weniger dem Gegenstand an sich gezollt, sondern dem Engagement der Zeitzeugen selbst. Und darüber hinaus auch einschlägiger Literatur aus der DDR.

Nach der Befreiung von Faschismus und Krieg war es im gesellschaftlichen Bewusstsein durchaus präsent, dass Frauen und Männer aus den Reihen der Arbeiterparteien, der Gewerkschaften und dem vielfältigen Milieu der Arbeiterbewegung den zentralen Anteil am antifaschistischen Widerstand hatten.

Verbunden mit der politischen Restaurationspolitik in der Adenauer-Ära, in der die Täter und Mitläufer wieder in gesellschaftliche Funktionen kamen, wurde insbesondere die Erinnerung daran, dass es Menschen gab, die sich dem faschistischen Terror widersetzten, systematisch aus dem öffentlichen Bewusstsein verdrängt. Der einzige Widerstand, der staatlicherseits gewürdigt wurde, waren bis in die Mitte der 1960er Jahre die Verschwörer des 20. Juli 1944, wobei in den Reihen der neugeschaffenen Bundeswehr selbst deren Handeln lange Jahre als »Landesverrat« galt. Verbunden mit dem zunehmenden gesellschaftlichen Interesse von nachgeborenen Generationen (Studenten, Schüler- und Lehrlingsbewegung) waren in der Folgezeit Angehörige des Arbeiterwiderstandes als Zeitzeugen gefragt und konnten Einfluss nehmen auf das historische Alltagsbewusstsein in der BRD. Das ging so weit, dass bei einer Befragung Mitte der 1980er Jahre etwa 80 % der Unter-65-Jährigen den antifaschistischen Widerstand als verdienstvoll bezeichneten.

In den 1980er Jahren kümmerte sich im Westen sogar die etablierte Wissenschaft um die Geschichte der Arbeiterbewegung. Damals erklärte man – in Konkurrenz zur Geschichtsforschung in der DDR –, dass es darauf ankäme, nicht nur die Rolle der Organisationen der Arbeiterbewegung, ihrer Parteien und Gewerkschaften zu untersuchen, sondern dass es um die Einzelnen gehen müsse, die für diese Ideale eingetreten seien, mit ihren Stärken und Schwächen, mit ihren Leistungen und Fehlern. Nur so würde die Realität der Arbeiterbewegung lebendig. Natürlich hat diese Fragestellung ihre Relevanz. So lange es noch Zeitzeugen, Frauen und Männer aus dem Widerstand, gab, die Auskunft geben konnten über Motive, Befindlichkeiten und innere Widersprüche, wurde damit das möglicherweise »glatte« Geschichtsbild differenzierter und realistischer. Doch darum ging es schon damals nicht. Im Fokus stand vielmehr, die Rolle der Organisation als handlungsleitende Struktur in Frage zu stellen.

Natürlich haben Behauptungen, dass der antifaschistische Widerstand in den verschiedenen Teilen des Deutschen Reiches nur unter »Anleitung« einer Partei stattgefunden habe, mit der Wirklichkeit nichts zu tun. Aber für die Akteure war es selbst dann, wenn sie keinen direkten Kontakt zu irgendwelchen zentralen Strukturen hatten, von eminenter Bedeutung, sich als Teil einer – im Idealfall – weltweiten Bewegung zu verstehen, so dass der möglicherweise bescheidene Beitrag, den man selber leisten konnte, auch in der Perspektive der Handelnden einem größeren Ganzen diente.

Diese Zeit ist längst vorbei. Nicht, dass die etablierte Wissenschaft diesen Bereich hinreichend erforscht und abgebildet oder eine andere Sicht auf das Verhältnis von Organisation und Individuum gefunden hätte. Nein, allein dem Grund, dass das Thema »Arbeiterbewegung« faktisch im herrschenden Geschichtsbetrieb weitgehend ausgeblendet wird, ist diese Abstinenz geschuldet. Und dieses Ausblenden hat seine ideologische Grundlage. Es geht heute nicht mehr um die Konfrontation mit der DDR-Forschung, sondern um die Etablierung eines Geschichtsbildes, in dem die Arbeiterbewegung faktisch keine Rolle mehr spielt.

Denn was könnte das Ergebnis einer Beschäftigung mit der Geschichte der Arbeiterbewegung sein? Es wären Erkenntnisse, die möglicherweise Gebrauchswert bis heute hätten. Immerhin hat es die organisierte Arbeiterbewegung vermocht, eine politische Kraft zu werden, die wirkliche Veränderungen der sozialen und gesellschaftlichen Lage der arbeitenden Menschen in Deutschland durchsetzen konnte. Die organisierte Arbeiterbewegung formulierte – selbst unter den Bedingungen der Verfolgung und der schlimmsten Diktatur – gesellschaftliche Alternativen für eine sozialistische Entwicklung und eine Vision eines anderen Deutschlands, das nicht Krieg, Imperialismus, Großmachtpolitik und autoritärem Herrschaftsstil bedeutete.

Und als es unter der entsprechenden machtpolitischen Konstellation nach der Befreiung vom Faschismus möglich wurde, haben Arbeiterparteien und Gewerkschaften nicht nur Visionen entwickelt, sondern in einem Teil Deutschlands tatsächlich ein anderes politisches System aufgebaut, das für vier Jahrzehnte als Alternative zum bundesdeutschen Entwicklungsweg bestand.

Die Tatsache, dass manche dieser Entwicklungswege scheiterten, wobei viele Gründe auch in der eigenen Unzulänglichkeit zu finden waren, bedeutet nicht, dass die Wege grundsätzlich falsch waren, sondern dass diese Ziele, für die die Arbeiterbewegung eingetreten ist, aufgrund fehlender gesellschaftlicher Voraussetzungen nicht umgesetzt werden konnten.

So kann die Beschäftigung mit der Geschichte der Arbeiterbewegung dazu beitragen, die gegebenen Verhältnisse nicht als »unveränderbar« zu akzeptieren, sondern darüber nachzudenken, dass es soziale, politische und gesellschaftliche Alternativen zur heutigen Politik gibt.

Die gegenwärtige Ignoranz der Geschichtswissenschaft hat auch damit zu tun, dass in der ideologischen Auseinandersetzung versucht wird, die Erinnerung an politische Kämpfe, an gesellschaftliche Auseinandersetzungen um soziale Verbesserungen und politische Veränderungen zu verdrängen. Wo erfährt man noch davon, dass in der BRD z.B. die Lohnfortzahlung im Krankheitsfall oder die Fünf-Tage-Woche Ergebnis massiver Klassenauseinandersetzungen waren? Wenn heute Sozialabbau betrieben wird, kann man solche Erinnerungen nicht gebrauchen.

Und wer an die Verbrechen des deutschen Faschismus und an die Etablierung seiner Macht in Deutschland und Europa erinnert, wird zwangsläufig mit der Frage konfrontiert, ob es nicht auch Menschen gab, die sich Faschismus und Krieg entgegenstellten – und zwar nicht erst, als es bereits deutlich zu spät war – und die nach der militärischen Niederwerfung des deutschen Faschismus für die Bewahrung und Durchsetzung ihrer Ideale eintraten. Ihre Zahl, das ist bekannt, war in Deutschland nicht so groß wie in den meisten vom deutschen Faschismus okkupierten Ländern. Die meisten von ihnen stammten aus den Reihen der Arbeiterbewegung. Es waren Frauen und Männer aus den Gewerkschaften, aus kommunistischen, sozialdemokratischen oder anderen sozialistischen Parteien. Sie formulierten Alternativen zur herrschenden Geschichtsauffassung und traten für gesellschaftliche Veränderungen im Sinne der arbeitenden Menschen und der sozial Schwachen ein.

Wer den Lebensweg solcher Menschen verfolgt, den führt die Betrachtung zumeist auf die »Schattenseiten der Erfolgsgeschichte« der BRD. Solche Erinnerung verweist auf die »blinden Flecken« im bundesdeutschen Geschichtsbild, die auch durch die herrschende Geschichtswissenschaft produziert werden. Dazu gehören z. B. die Ausgrenzung aller Ansätze für einen antifaschistisch-demokratischen Neubeginn, die Forderungen und Vorstellungen für eine sozialistische Perspektive auch der Westzonen, die bis in die Landesverfassungen ihren Niederschlag fanden.

Dazu gehören der Kalte Krieg und seine innenpolitische Entsprechung durch KPD-Verbot, hysterische Kommunistenhatz, Bespitzelungen und systematische Existenzvernichtungen. Diese Entwicklung war nicht mit der Adenauer-Ära vorbei, sondern führte mit absurden Verdächtigungen gegen Gewerkschaftsfunktionäre und Berufsverboten seit den 1970er Jahren zu einem politischen Klima, in dem alternative Gesellschaftsmodelle undenkbar gemacht werden sollten.

Umso wichtiger ist daher die Erinnerung an den Widerstand aus den Reihen der Arbeiterbewegung, weist er doch nicht nur die längste Dauer auf, sondern umfasst auch die größte personelle und inhaltliche Breite. Viele tausend Frauen und Männer waren darin eingebunden, trotz Gefahr für ihre Freiheit, Gesundheit und sogar ihr Leben. Dieser Widerstand rief den massiven Terror des faschistischen Verfolgungsapparates hervor. Schon in der Weimarer Republik mit der SA und SS als Saalschlacht-Truppe, dann nach der Machtübertragung mit der staatlich organisierten Verfolgung mittels Gestapo und Lagersystem. Bestandteil des Terrorapparates war die Justiz mit ihren verschiedenen Instanzen und Institutionen.

Sinngemäß antwortete Bertolt Brecht auf die Frage, ob es denn einen Widerstand in Deutschland gäbe, mit dem Hinweis auf diesen Verfolgungsapparat, der genau deshalb nötig sei.

In der folgenden Darstellung werden Begriffe wie »Arbeiterbewegung«, »Arbeiterparteien« etc. als Sachbegriffe benutzt und nicht gegendert, wobei selbstverständlich ist, dass in deren Strukturen Frauen und Männer gleichermaßen aktiv waren und sind.

Kapitel I

Weimarer Republik

Arbeiterwiderstand gegen den aufkommenden Faschismus

Der Faschismus in Deutschland sah – wie schon in Italien und anderen Ländern – von Anfang an die organisierte Arbeiterbewegung als seinen ersten und wichtigsten Gegner an. In Italien erwiesen sich im »biennio nero« (1922/23) die »Schwarzhemden« Mussolinis als militante Erfüllungsgehilfen der Interessen der Unternehmer Norditaliens und der Latifundieneigentümer im Süden des Landes. Auch in Deutschland hatten sich die völkisch-nationalistischen Kräfte, Freikorps und Rechtsparteien in der Zeit nach der Novemberrevolution 1918 als gewalttätige Verteidiger der Interessen der Unternehmer, der Großgrundbesitzer, der vormals herrschenden Adelsschicht und anderer reaktionärer Strömungen erwiesen. Das bezog sich nicht nur auf den Kapp-Putsch vom März 1920, sondern zeigte sich auch in der »schwarzen Reichswehr« und ihrer Rolle bei der bewaffneten Verteidigung der ostelbischen Junker gegen Bestrebungen der Landarbeiter. Es war also bereits am Anfang der Weimarer Republik offensichtlich, dass sich die reformistische wie revolutionäre Arbeiterbewegung mit ihren Parteien und gesellschaftlichen Organisationen gegen die völkisch-nationalistischen Kräfte und die sich darin entwickelnden Gruppen des aufkommenden deutschen Faschismus wehren mussten.

Mitte Oktober 1922 fand in Coburg der erste »Deutsche Tag«, der von der NSDAP und ihrer Sturmabteilung (SA) getragen wurde, statt. Nach dieser Versammlung kam es an verschiedenen Orten in Franken zu Straßenschlachten mit politischen Gegnern aus den Arbeiterparteien. Als Reaktion auf diese Bedrohung und mit Blick auf die italienische Entwicklung initiierte die KPD mit ihren Massenorganisationen Ende Juli 1923 an verschiedenen Orten in Deutschland den ersten »Antifaschisten-Tag«.

Schon Ende Juni 1923 hatte Clara Zetkin in ihrem richtungsweisenden Referat »Der Kampf gegen den Faschismus« auf dem Erweiterten Plenum des Exekutivkomitees der Kommunistischen Internationale die Gefahr des Faschismus nicht allein in Italien analysiert und als Schlussfolgerung dazu aufgerufen, dass alle kommunistischen Parteien den antifaschistischen Kampf führen müssen:

> »Das Proletariat steht augenblicklich dem Faschismus gegenüber unter dem Zwang der Notwehr. Sein Selbstschutz, seine Selbstverteidigung gegen den faschistischen Terror darf nicht eine Minute vernachlässigt werden. Es geht um Leib und Leben der Proletarier, um die Existenz ihrer Organisationen. Selbstschutz der Proletarier, lautet ein Gebot der Stunde.«[1]

Die Arbeiterorganisationen in Deutschland unterschätzten mitnichten die Gefahr, die von der extremen Rechten für die politische Entwicklung des Landes und die eigenen Existenzbedingungen ausging. Einzig die Frage, ob die eigenen Kräfte ausreichend seien, um eine revolutionäre politische Alternative auf den Weg zu bringen, wurde positiver beantwortet, als es historisch angemessen war.

Wie real die faschistische Gefahr schon damals war, zei-

---

1 zit. nach Clara Zetkin: Ausgewählte Reden und Schriften. Band II. Berlin 1960, S. 689-729

gen die Mordaktionen der faschistischen Freikorps-Verbände (»Organisation Consul«) an Matthias Erzberger 1921 und Walther Rathenau 1922 oder der »Deutsche Tag« in Nürnberg Anfang September 1923, der von den völkischen Organisatoren als »Heerschau« der Wehrverbände bezeichnet wurde. Deklariert als »Sedan-Feier« – zum Gedenken an die idealisierte Schlacht von Sedan vom September 1870, an die schon in der Kaiserzeit mit militärischem Pomp erinnert wurde – marschierten nach Angaben der Polizei etwa 100.000 Anhänger der völkisch-nationalistischen Verbände, mitorganisiert durch die NSDAP, in Nürnberg auf. Anwesend waren Adolf Hitler und Julius Streicher. Zu den Ehrengästen gehörten u. a. Ludwig Ferdinand von Bayern und der ehemalige Reichswehrgeneral Erich Ludendorff. So gestärkt, glaubte man am 9. November 1923, als Reaktion auf die fünf Jahre zuvor begonnene Novemberrevolution, einen Putsch in München (»Marsch auf die Feldherrnhalle«) mit Hitler und Ludendorff an der Spitze unternehmen zu können. Was Mussolini in Italien ein Jahr zuvor gelang, endete hier im Desaster. Es machte aber den politischen Machtanspruch der extremen Rechten deutlich.

Gegen solches faschistisches Gewaltpotenzial organisierten die Arbeiterparteien in ihren Reihen einen »roten Massenselbstschutz«. 1924 wurde der »Rote Frontkämpferbund« (RFB) gebildet, der sich explizit gegen die faschistisch-nationalistische Gefahr richtete. Im RFB sammelten sich ähnlich wie im »Reichsbanner Schwarz-Rot-Gold«, auf den später noch eingegangen wird, ehemalige Frontsoldaten, die sich mit ihrem Wissen und Fähigkeiten als Wehrverband der kommunistischen Arbeiterbewegung verstanden. Dabei sah man sich nicht nur als Abwehrorganisation, wie es auf dem 2. Reichstreffen im Mai 1926 hieß:

> »Wir leben, wir kämpfen und wir sterben für die Fahne Karl Liebknechts und Rosa Luxemburgs. Alle Versuche der Feinde des

Proletariats, die revolutionäre Entwicklung der Arbeiterklasse zu hemmen und die dauernd breiter werdende rote Front zu sprengen, werden scheitern und abprallen an der Geschlossenheit der proletarischen Reihen.

Mit den proletarischen Fäusten wird die Arbeiterschaft Berlins und des Reiches die kapitalistische Welt zerschmettern und die wahrhaft rote Republik schmieden.

Dann wird wieder über der Reichshauptstadt die rote Fahne den Sieg des deutschen Proletariats verkünden!«[2]

Als der RFB nach dem Berliner »Blutmai« 1929 durch die Reichsregierung verboten wurde, mussten neue Strukturen des Massenselbstschutzes gebildet werden.

Nach der Reichstagswahl am 14. September 1930, bei der die NSDAP erhebliche Stimmengewinne verzeichnete, wurde – initiiert von der KPD – am 28. September 1930 der »Kampfbund gegen den Faschismus« (KGF) als »überparteiliche proletarische Massenorganisation zum Kampf gegen den Faschismus in all seinen Erscheinungsformen, insbesondere gegen den Nationalsozialismus« ins Leben gerufen. Hans Coppi beschreibt deren Arbeit knapp folgendermaßen:

»In Betrieben, vor den Stempelstellen und in den Wohngebieten sollte der Kampf gegen die braune Bewegung besser organisiert und auf eine breitere Basis gestellt werden. Ein weiteres Ziel war, die ›nationalfaschistischen‹ Reihen zu zersetzen und dort Gesinnungsfreunde für eine oppositionelle Tätigkeit gegen die NS-Führung zu gewinnen. Gleichzeitig sollten Stützpunkte und Kasernen der SA liquidiert werden. In der praktischen Arbeit richtete sich die Tätigkeit des Kampfbundes gegen Überfälle der Nazis, aber auch gegen sozialdemokratische Organisationen, insbesondere gegen das Reichsbanner. Ende 1930 wurden die Bezirksleitungen beauftragt, ›Gegnerabteilungen‹ zu schaffen, die

2 Programm zum 2. Reichstreffen, Mai 1926, S. 19

> sich mit der Gewinnung sozialdemokratischer, nationalsozialistischer und christlicher Arbeiter beschäftigen sollten.«

Ein wenig bekannter Aspekt dieser Arbeit waren ideologische Konfrontationen in Berlin:

> »Kommunistische Funktionäre traten gemeinsam mit Joseph Goebbels in Versammlungen auf, so Heinz Neumann Ende Oktober 1930 und Walter Ulbricht Mitte Februar 1931 in Berlin. Jede Seite brachte die ihr vertrauten Argumente vor.«

Hans Coppi urteilt:

> »Ein Werbeimpuls geschweige denn ein ›Zersetzungseffekt‹ ging von diesen Schauveranstaltungen nicht aus. Die Kommunisten griffen den ›Legalitätskurs‹ Hitlers an, stellten wie bei der SPD die korrupten Führer den ehrlichen Mitgliedern gegenüber. Anhänger beider Seiten nutzten die Debatten, wenn ihnen die Argumente ausgingen, zu massiven Saalschlachten.«[3]

Solche Versuche, über gemeinsame Debatten mit der HJ deren Anhänger für die proletarische Sache zu gewinnen, unternahm auch der Kommunistische Jugendverband (KJVD), wie Peter Gingold aus Frankfurt am Main berichtete. Im Ergebnis untersagten die HJ-Führer weitere politische Debatten mit den kommunistischen Jugendlichen.

Auch auf sozialdemokratischer Seite wurde die Notwendigkeit eines politischen Wehrverbandes zum Schutz der demokratischen Republik gesehen. Am 22. Februar 1924 wurde in Magdeburg das »Reichsbanner Schwarz-Rot-Gold« als Bund der republikanischen Kriegsteilnehmer auf Initiative aus den drei Parteien der Weimarer Koalition (SPD, Zentrum, DDP) gegründet, war aber fast ausschließlich sozialdemokratisch orientiert. Seine hauptsächlichen Aktivitäten waren in den ersten Jahren die Organisation von Reichsbanner-Gautagen

---

3 Hans Coppi: Die nationalsozialistischen Bäume im sozialdemokratischen Wald, zit. nach Utopie kreativ, H. 97/1998, S. 8f

in Hamburg (1925), Dortmund (1925), Hannover (1926), Brandenburg (1928), Braunschweig und Meißen (1929). Am 11. August, dem Verfassungstag der Weimarer Republik, organisierte das Reichsbanner dort, wo staatliche Stellen sich zurückhielten, öffentliche Feierstunden mit schwarz-rot-goldenen Fahnen.

Erst 1930 mit dem zunehmenden SA-Straßenterror gab es eine Neubestimmung der Aufgaben. Aus dem Kreis der jüngeren Mitglieder wurden »Schutzformationen« (Schufos) aufgestellt. Den Schufos gehörten im Frühjahr 1931 bereits 250.000 Mann an, die in viele gewalttätige Auseinandersetzungen mit der SA verwickelt waren. Es wurden Einsatz-, Alarm- und Organisationspläne entwickelt, wie die Schufos in kürzester Zeit mobilisiert werden konnten. Paramilitärische Übungen bereiteten die Mitglieder auf körperliche Auseinandersetzungen mit dem politischen Gegner vor. Alleine sah man sich jedoch nicht als stark genug für die Auseinandersetzung mit den »Feinden der Republik« an. Ausgehend von einem Vorschlag der SPD bildete am 16. Dezember 1931 daraufhin das Reichsbanner mit dem Allgemeinen Deutschen Gewerkschaftsbund (ADGB), der SPD und dem Arbeiter-Turn- und Sportbund (ATSB) ein Abwehrbündnis gegen Gefahren für die Republik, das sich »Eiserne Front« nannte. Da dieses Bündnis ohne vorherige Absprache mit den noch verbliebenen Mitgliedern der Zentrumspartei, die häufig aus den Christlichen Gewerkschaften und den katholischen Arbeiter- und Gesellenvereinen stammten, sowie der Deutschen Staatspartei, die später Teil der »Eisernen Front« wurde, stattfand, war sie faktisch eine auf die SPD ausgerichtete Organisation. Das Reichsbanner übernahm die wehrtechnische Leitung der »Hammerschaften«, die angesichts schärfer werdender Gewalttaten durch Angehörige der SA und Übergriffe auf Versammlungen der Arbeiterorganisationen immer wichtiger wurden.

Die politischen Divergenzen zwischen den Arbeiterparteien KPD und SPD, die sich aus den unterschiedlichen gesellschaftspolitischen Konzepten einer sozialistischen Räterepublik oder einer parlamentarischen Orientierung ergaben, blockierten jedoch das Zusammengehen bei der Verteidigung gegen die faschistische Bedrohung.

So erklärte die KPD in öffentlichen Ansprachen und in ihren Zeitungen die SPD- und Gewerkschaftsführung zu »Sozialfaschisten«, selbst einzelne Mitglieder wurden kurzzeitig als »kleine Zörgiebels« denunziert, in Erinnerung an den Berliner Polizeipräsidenten, der am 1. Mai 1929 auf demonstrierende Arbeiter schießen ließ. Die SPD geizte gegenüber der KPD ebenfalls nicht mit politischen Beschimpfungen: »Rotlackierte Nazis« oder »Kozis« konnte man in Zeitungen und Flugblättern lesen. Während in den Arbeiterwohngebieten und teilweise auch bei gemeinsam erlebten Übergriffen der Faschisten spontane Selbstverteidigungsstrukturen entstanden, blockierten die ideologischen Differenzen weitgehend das gemeinsame Widerstandspotenzial.

Hinzu kamen die Auswirkungen der Wirtschaftskrise seit 1929. Dies bedeutete für die arbeitende Bevölkerung Massenarbeitslosigkeit, Lohnkürzungen und Abbau von Sozialleistungen durch die Krisenpolitik des mit Notverordnungen ab 1930 regierenden Reichskanzlers Brüning von der Zentrumspartei. Das rief zwei gegensätzliche Reaktionen hervor. Während im revolutionären Teil der Arbeiterbewegung die Bereitschaft zu offensiveren Widerstandsaktionen und radikaleren Forderungen wuchs, hielten sich SPD und ADGB mit der Begründung, die Krise ließe keine betrieblichen Kämpfe zu, zurück.

Dies hatte auch Konsequenzen für die Auseinandersetzung mit der faschistischen Gefahr. In der KPD orientierte man nach einem Überfall der SA auf KPD-Abgeordnete im Preußischen

Landtag Ende Mai 1932 auf einen neuen Ansatz der Einheitsfrontpolitik gegen die faschistische Bedrohung, nämlich den Aufbau einer »Antifaschistischen Aktion« als überparteilichem rotem Massenselbstschutz gegen den »Mordterror des Hitlerfaschismus«. In der für damalige Verhältnisse typischen Sprache rief die KPD dazu auf:

> »Nehmt in allen Betrieben, auf allen Stempelstellen, in allen Gewerkschaften und Massenorganisationen, nehmt in Stadt und Land unverzüglich Stellung zu den neusten Ereignissen. Entscheidet euch für die Teilnahme an der ›Antifaschistischen Aktion‹ der kämpfenden roten Einheitsfront«.[4]

Mit diesem Appell richtete man sich an organisierte Anhänger der Arbeiterparteien und Gewerkschaften, aber auch an Unorganisierte und andere gesellschaftliche Kräfte. Ein »Reichskongress« am 10. Juli 1932 in der Berliner Philharmonie versammelte nach überlieferten Daten 1.550 Delegierte, darunter 379 Kommunisten, 132 SPD-Mitglieder (und Angehörige des Reichsbanners) sowie 954 Parteilose. Der Kongress beschloss ein »Kampfgelöbnis der Antifaschistischen Aktion« und ein Manifest. Darin hieß es:

> »Die Antifaschistische Aktion will nicht dulden, daß über Deutschland die faschistische Diktatur errichtet wird, daß die Klassenorganisationen des Proletariats zertrümmert und verboten, daß alle Rechte der Arbeiterklasse mit Füßen getreten, daß die Sozialversicherungen und alle Errungenschaften der Arbeiterbewegung ausgerottet werden. Die Antifaschistische Aktion organisiert in breitester Einheitsfront den geschlossenen roten Massenselbstschutz der Arbeiter, Erwerbslosen und Werktätigen in ganz Deutschland. Die Antifaschistische Aktion will den Massenkampf aller klassenbewußten Arbeiter, aller antifaschistischen

4 Die Antifaschistische Aktion, hg. von Heinz Karl und Erika Kücklich. Berlin/DDR 1965, S. 33

> Freiheitskämpfer für die vernichtende Niederlage des Hitlerfaschismus, für die Zurückeroberung von Millionen von den Nationalsozialisten betrogenen Werktätigen.«[5]

Seit Ende 1928 entwickelte sich als antifaschistischer Akteur ebenfalls die »KPD-Opposition« (KPO), deren bekanntester Vertreter August Thalheimer war. Sie kritisierte die »ultralinke« Politik der KPD und plädierte für aktive Arbeit innerhalb der Gewerkschaften. In ihren Reihen versammelten sich viele ehemalige Mitglieder der KPD, Betriebs- und Gewerkschaftsfunktionäre, teilweise Kommunalpolitiker und Intellektuelle. Eine Diskrepanz bestand zwischen ihrem Aktivismus einerseits und andererseits ihrer analytischen Tiefe und der geringen Mitgliederzahl, Ende 1932 etwa 3.500. Zentren der KPO waren Berlin, Schlesien, Sachsen, Thüringen, das Rhein-Main-Gebiet und der Raum Stuttgart. Gegenüber der »Antifaschistischen Aktion« verhielt sich die KPO recht distanziert, obwohl sie immer wieder entschieden für Arbeitereinheit plädierte.

Während im sozialdemokratischen Milieu der Wunsch nach Zusammenarbeit gegen den drohenden Faschismus vorhanden war, lehnte die Führung der SPD die »Antifaschistische Aktion« grundsätzlich ab. Sie verbot ihren Mitgliedern jegliche Teilnahme. Diese Haltung blieb bei Mitgliedern der SPD nicht unwidersprochen.

Als Kritik an dieser legalistischen Haltung der SPD-Führung entstanden mehrere sozialistische Neugründungen, die sowohl die passive Haltung der SPD, aber auch die sektiererische Haltung der KPD ablehnten und für eine Arbeitereinheit gegen die faschistische Bedrohung eintraten. Eine wichtige Gruppe – nicht wegen ihrer Mitgliederzahl, sondern wegen ihrer Außenwirkung und Verbindungen zu nicht-parteigebundenen Intellektuellen in der Weimarer Republik – war der

5 Antifaschistische Aktion, a. a. O., S. 181

Internationale Sozialistische Kampfbund (ISK). Der ISK war seit 1925 die politisch-organisatorische Plattform eines Kreises um den Göttinger Philosophen Leonard Nelson. Inhaltlich vertrat er einen ethisch motivierten, ebenso antiklerikalen wie antimarxistischen, elitär ausgerichteten Sozialismus, der zudem einen strikt verpflichtenden Tierschutz und Vegetarismus einschloss. Die Mitglieder des ISK standen zwischen den großen Parteien. Angesichts der zunehmenden Wahlerfolge der Nationalsozialisten wurde der ISK mit der Gründung der Tageszeitung *Der Funke*, die von Willi Eichler geleitet wurde, öffentlich aktiv. Bedeutsam war der »Dringende Appell zur Reichstagswahl« von Juli 1932, der »zum Zusammengehen von SPD und KPD für diesen Wahlkampf« aufrief. Unterzeichnet hatten ihn unter anderem Käthe Kollwitz, die Schriftsteller Kurt Hiller, Erich Kästner, Heinrich Mann, Ernst Toller und Arnold Zweig sowie die Wissenschaftler Albert Einstein, Franz Oppenheimer und Emil Julius Gumbel.[6]

Zu diesem sozialistischen Milieu gehörte auch die Sozialistische Arbeiterpartei Deutschlands (SAPD), eine linke Abspaltung der SPD vom Herbst 1931. Als sechs Mitglieder der SPD-Reichstagsfraktion (Kurt Rosenfeld, Max Seydewitz, August Siemsen, Heinrich Ströbel, Hans Ziegler und Andreas Portune) wegen des Bruches der Fraktionsdisziplin ausgeschlossen wurden, gründeten diese eine neue Partei, in der sich auch Mitglieder der KPO und einer so genannten »Versöhnler-Gruppe« der KPD wiederfanden. Hinzu kamen Anhänger des Sozialistischen Bundes von Georg Ledebour sowie bekannte unabhängige marxistische Intellektuelle wie Fritz Sternberg. Trotz regionaler Erfolge, konnte die Partei bei Landtags- und Reichstagswahlen nicht überzeugen. Damit wurde sie auch

6 zit. in Ulrich Schneider: 1933 – Der Weg ins Dritte Reich. Köln 2023, S. 70

nicht zu einem Anziehungspunkt für parteilose Linke oder kritische SPD- und KPD-Mitglieder. In ihren besten Zeiten hatte sie etwa 15.000 Mitglieder. Die SAPD setzte sich für eine Einheitsfront von SPD, KPD, Gewerkschaften und anderen Massenorganisationen der Arbeiterbewegung gegen den Faschismus ein. Gemeinsam mit der KPO und dem Leninbund führte die SAPD eine Reihe von antifaschistischen Kundgebungen und Debatten durch.

Anfang 1933 spitzte sich innerhalb der SAPD eine politische Debatte zu, als die Mehrheit des Vorstandes um Rosenfeld und Seydewitz eine Auflösung der Partei zugunsten von SPD und KPD vorschlug. Zwar wurde dies abgelehnt, die Machtübertragung an die NSDAP zwang die Organisation jedoch in die Illegalität.

Für das Widerstandspotenzial in der Arbeiterbewegung waren auch die soziokulturellen Einrichtungen im Arbeitermilieu von Bedeutung. Dies waren weniger »Kampfverbände« als vielmehr Organisationen, die dazu führten, dass der Zusammenhalt innerhalb des Arbeitermilieus gewahrt blieb, so dass faschistische Verbände keine Einbrüche in den Alltag erzielen konnten. Oftmals getragen von den Gewerkschaften gab es Arbeiterbibliotheken und Lesezirkel, in denen Arbeiter Zugang zur kulturellen und literarischen Welt erhielten. In verschiedenen Erinnerungsberichten aus der Arbeiterjugend wird betont, dass den Jungarbeitern auf diese Weise Autorinnen und Autoren der sozialistischen Literatur – auch erste Texte von Marx und Engels – nahegebracht wurden. Solche Einrichtungen und Angebote dienten dabei der politischen Bildung und der Milieuverbundenheit.

Bedeutende soziokulturelle Organisationen, die das Arbeitermilieu prägten, waren die Naturfreunde als Natur- und Freizeitorganisation, sowie die Arbeitersport- und Gesangsvereine.

Ende des 19. Jahrhunderts als »Touristenverein Die Naturfreunde« gegründet, war es deren Ziel, den arbeitenden Menschen eine Möglichkeit zu geben, die Freizeit sinnvoll zu gestalten, die Gesundheit zu stärken und die Liebe zur Natur zu wecken sowie sich weiterzubilden. Neben den klassischen Wandergruppen entstanden Sektionen der Arbeiterfotografie und des Wintersports. 1933 hatten die Naturfreunde rund 200.000 Mitglieder in 22 Ländern. Als »Tourismusverein« besaßen die Naturfreunde zahlreiche Naturfreundehäuser, in denen Arbeiter mit ihren Familien preiswert Urlaub machen konnten, was ansonsten unerschwinglich war. Bei gemeinsamen Unternehmungen war es selbstverständlich, dass nicht nur gewandert wurde, sondern auch die politische Lage debattiert und politische Antworten auf die Herausforderungen der Zeit gesucht wurden. Aus der Sicht des NS-Regimes war damit der TV Naturfreunde 1933 ebenfalls zu verbieten und ihre Häuser zu beschlagnahmen.

Eine große Mitgliederzahl im Milieu der Arbeiterbewegung besaß der Arbeitersport. Um 1930 zählte der Arbeiter-Turn- und Sportbund (ATSB) rund 1,2 Millionen Mitglieder; Präsident war in der Weimarer Zeit der SPD-Reichstagsabgeordnete Cornelius Gellert. Arbeitersport-Organisationen waren damals existenziell für die Möglichkeit der sportlichen Betätigung der arbeitenden Menschen. Die bürgerlichen Sportvereine waren in der Weimarer Republik in ihrer Grundhaltung oftmals reaktionär und militaristisch ausgerichtet. Außerdem gab es nur selten kommunale Sportanlagen, so dass es eine Aufgabe des ATSB und seiner Untergliederungen war, entsprechende Anlagen für die sportliche Betätigung, vom Fußball bis zur Leichtathletik, gemeinschaftlich zu schaffen.

Anschaulich wurde dies im Rad- und Kraftfahrerbund »Solidarität«. Der Bund organisierte nicht nur gemeinsame Ausfahrten oder Sportwettkämpfe, sondern besaß eine eigene

Fahrradfabrik, eigene Läden und ein ausgebautes soziales Sicherungssystem mit Unfall-, Haftpflicht-, Raddiebstahls- und Rechtsschutzversicherung. In der »Solidarität« waren in den frühen 1930er Jahren über 300.000 Mitglieder in 5.000 Ortsgruppen organisiert. Er war damit der größte Einzel-Arbeitersportverein der Weimarer Republik.

Die ideologische Spaltung der Arbeiterorganisationen wirkte sich auch im Arbeitersport aus. Auf dem ATSB-Bundestag im Juni 1928 schloss die Verbandsführung alle KPD-Anhänger aus; diese gründeten daraufhin im Mai 1929 die Interessengemeinschaft zur Wiederherstellung der Einheit im Arbeitersport (IG), die sich im Dezember 1930 in Kampfgemeinschaft für Rote Sporteinheit (KG) (kurz: »Rotsport«) umbenannte. Da diese Ausschlusspolitik auch andere Kulturvereinigungen umfasste, entstand in der KG auch eine »Naturfreunde-Opposition«, in der sich ausgeschlossene Naturfreunde zusammenfanden. Die KG zählte 1931 über 100.000 Mitglieder.

Wie in der alltäglichen Politik Sozialdemokraten und Kommunisten, so hatten auch im Sport diese beiden Verbände häufig mehr damit zu tun, sich voneinander abzugrenzen, als die gemeinsamen sozialen und ideologischen Wurzeln angesichts der zunehmend antidemokratischen politischen Entwicklungen zu betonen. Der ATSB wurde 1932 Gründungsverband der »Eisernen Front«. Aus der KG engagierten sich andererseits viele Sportler in der »Antifaschistischen Aktion«.

Von großer Bedeutung für den kulturellen Zusammenhalt in der Arbeiterbewegung waren die Arbeitergesangvereine. Das 1. Fest des – schon 1908 gegründeten – Deutschen Arbeiter-Sängerbundes in Hannover (1928) versammelte knapp 50.000 Teilnehmer. Auch hier dominierte die SPD den Deutschen Arbeiter-Sängerbund (DAS), so dass seit Ende der 1920er Jahre zunehmend Singegruppen entstanden, die sich der KPD verbunden fühlten. Zwar erreichten sie deutlich weniger Mitglieder als der DAS, jedoch erzielten sie durch ihre öffentlichen Auftritte bei politischen Veranstaltungen und Aktionen erhebliche Außenwirkung. So entstanden in diesem Rahmen als Formen des kulturellen Widerstands auch Agitprop-Gruppen, die mit den Mitteln des Liedes und des Sprechgesangs politische Aufklärungsarbeit gegen den Vormarsch der Nazis leisteten.

Obwohl sich der DAS in den politischen Auseinandersetzungen der Weimarer Zeit deutlich zurückhaltender positionierte, gerieten nach der Machtübertragung auch die Arbeitergesangsvereine ins Visier des NS-Regimes. Die repressiven Maßnahmen konzentrierten sich allerdings vorrangig auf die kommunistischen Arbeitermusiker. Seitens der DAS-Bundesführung versuchte man das Überleben der Gesangsvereine zu sichern, indem man jegliche politische Aktivität in den Vereinen untersagte und die Arbeit des DAS als unpolitische Arbeit am deutschen Kulturgut darzustellen versuchte – vergeblich. Mit der Einrichtung der Reichskulturkammer im September 1933 und der damit verbundenen Gleichschaltung auch des Chorwesens war die eigenständige Tätigkeit des Deutschen Arbeiter-Sängerbundes endgültig beendet.

Kapitel II

1933 bis 1935

Verfolgung der organisierten Arbeiterbewegung

Der politische und staatliche Terror der am 30. Januar 1933 ins Amt gesetzten Hitler-Hugenberg-Papen-Regierung richtete sich von Anfang an gegen die Organisationen der Arbeiterbewegung. Zuerst gegen die KPD und ihre Massenorganisationen, die außerhalb der Verfassungsrechte gestellt wurden, im nächsten Schritt gegen alle anderen Parteien und Organisationen. In rasanter Geschwindigkeit schuf diese Rechtsregierung jene gesetzlichen Grundlagen, die jegliches Handeln der Arbeiterorganisationen unter Strafe stellte. Damit sollten der Justiz die Instrumente in die Hand gegeben werden, mit denen die Arbeiterbewegung und ihre Aktivisten ausgeschaltet werden konnten. In den von Reichspräsident Paul von Hindenburg bereits im Februar 1933 erlassenen Notverordnungen wurden Versammlungsverbote, Verbote von Zeitungen und anderen Flugschriften ausgesprochen. Das neue Regime versuchte damit diejenigen Kräfte auszuschalten, die es als größte Bedrohung des offen faschistischen Auswegs aus der Krise der Weimarer Republik betrachtete.

Die Reaktion der Arbeiterparteien auf die Machteinsetzung der neuen Regierung ist bekannt.

> »Die Kommunistische Partei Deutschlands wendet sich vor der gesamten proletarischen Öffentlichkeit mit dem Aufruf zugleich an den ADGB, an den Afa-Bund, an die SPD und die christlichen Gewerkschaften mit der Aufforderung, gemeinsam mit den Kommunisten den Generalstreik gegen die faschistische Diktatur der Hitler-Hugenberg-Papen, gegen die Zerschlagung der Arbeiterorganisationen, für die Freiheit der Arbeiterklasse durchzuführen.«[7]

Dazu waren SPD und Gewerkschaften jedoch nicht bereit. Zwar bezeichnete die SPD die Hitler-Regierung als Ausdruck der »Harzburger Front« und als Feind der Arbeiterklasse. Deshalb appellierte sie an die Einheit des ganzen arbeitenden Volkes, um dann jedoch von aktivem Widerstand abzuraten. Man führe den Kampf auf dem Boden der Verfassung. Mit der Kritik an Hitler entsprach man zwar der Haltung vieler Mitglieder der SPD, des Reichsbanners und anderer sozialdemokratischer Massenorganisationen, gleichzeitig wurde jedoch zu »Besonnenheit« und »Disziplin« aufgerufen. Auch der Bundesvorstand des ADGB schloss sich dieser abwartenden Haltung der SPD an, obwohl viele Gewerkschaftsmitglieder nur auf einen entsprechenden Aufruf gewartet hatten, um sich – wie 1920 gegen den Kapp-Putsch – für die Verteidigung der Weimarer Demokratie einzusetzen.

Es ist nur ein Ort bekannt, wo auf der Grundlage des KPD-Aufrufes ein Generalstreik begonnen wurde. Es war das württembergische Mössingen. Am 31. Januar 1933 demonstrierten in Mössingen 800 Frauen und Männer mit einer Streikaktion gegen die Machtübertragung an die Hitler-Regierung. Der Streikzug ging in Richtung der Mössinger Textilbetriebe. Erst einer Staffel der Reutlinger Polizei gelang es, diese Demonstration aufzulösen. Da diese Aktion jedoch isoliert blieb, war sie zum Scheitern verurteilt, dennoch bleibt sie als regionales Bei-

7 Schneider: 1933, a. a. O., S. 89

spiel für Arbeiterwiderstand unvergessen. Später wurden 80 Personen wegen Landfriedensbruchs und Hochverrats zu Haftstrafen zwischen drei Monaten und viereinhalb Jahren verurteilt.

Wie nicht anders zu erwarten, reagierte die Hitler-Regierung mit Notverordnungen und verstärktem polizeilichem und politischem Terror. Ein Runderlass (»Schießerlass«) von Hermann Göring, Reichskommissar für das preußische Innenministerium, versprach der Polizei Straffreiheit beim Schusswaffengebrauch bei politischen Demonstrationen. Dessen »Erlass über Einberufung und Verwendung von Hilfspolizei« legitimierte Razzien und gewalttätige Übergriffe von SA, SS und »Stahlhelm«. Gleichzeitig wurden alle Polizeiverwaltungen zur Vorlage von aktualisierten Verhaftungslisten kommunistischer und gewerkschaftlicher Funktionäre aufgefordert.

Auf dieser Grundlage begannen im Februar 1933 Massenverhaftungen, besonders gesteigert nach dem Reichstagsbrand (in der Nacht vom 27. auf den 28. Februar), von denen bis Mitte März 1933 über 100.000 politische Gegner erfasst wurden. Eingekerkert wurden sie in »Schutzhaft« in so genannten »wilden Konzentrationslagern« oder anderen Haftstätten. »Wilde KZ« konnten Treffpunkte oder öffentliche Gebäude sein, die von der SA als Haftstätten umfunktioniert wurden. Durch Willkür und Quälereien seitens der Bewacher wurden in diesen Tagen bereits zahlreiche Nazigegner ermordet, Anfang März wurde auf Anweisung des thüringischen NSDAP-Innenministers, Fritz Sauckel, in einer Militärschule bei Weimar das KZ Nohra als erstes Konzentrationslager des »Dritten Reiches« eingerichtet. Später folgten das KZ Dachau (bei München), das KZ Oranienburg (nördlich von Berlin) als erstes staatliches KZ in Preußen, das KZ Osthofen (bei Worms) und weitere Lager.

Natürlich blieben dieser Terror und die Verhaftungen nicht ohne Wirkung auf die Handlungsfähigkeit der Arbeiterorganisationen. Dennoch ist es bemerkenswert, wie sich in der

Reichstagswahl am 5. März 1933 zeigte, dass der politische Terror der ersten Wochen und die Massenverhaftungen nicht ausgereicht hatten, einen Einbruch in das Wählerpotenzial der Arbeiterparteien zu erzielen. Die Arbeiterparteien erreichten mit über 12 Mio. Wählerinnen und Wählern über 30 % der abgegebenen Stimmen. Trotz der massiven Verfolgung der KPD, der Verhaftung ihrer Abgeordneten und Kandidatinnen und Kandidaten konnte die Partei noch 81 Mandate erringen, die jedoch anschließend annulliert wurden.

Der 1./2. Mai 1933

Bei einer weiteren Wahl zeigte sich die politische Stabilität der Arbeiterbewegung. Bei den turnusmäßigen Betriebsratswahlen, die vom März bis Mai 1933 stattfinden sollten, wurde schon nach den ersten Abstimmungen deutlich, dass die neue Regierung und ihre Nationalsozialistische Betriebszellenorganisation (NSBO) in Großbetrieben keine Verankerung besaßen. Anfang April veröffentlichte der ADGB erste Zahlen aus den Unternehmen. Danach kam die NSBO nur auf 11,7 %. Die Freien Gewerkschaften erreichten 73,4 %, die Christlichen Gewerkschaften 7,6 % und die kommunistische Revolutionäre Gewerkschaftsopposition (RGO) 4,9 %. Mit dem Gesetz vom 4. April 1933 über »Betriebsvertretungen und wirtschaftliche Vereinigungen« wurden die laufenden Betriebsratswahlen ausgesetzt und eigenmächtige Absetzungen von Betriebsräten, was die NSBO in einigen Unternehmen bereits praktiziert hatte, legitimiert – die Wahlergebnisse damit auf den Kopf gestellt.

Um ein überwältigendes Votum für die Freien Gewerkschaften zu verhindern, besetzten marodierende SA-Horden schon im März und April 1933 in allen Teilen des Deutschen Reiches Gewerkschaftshäuser, zerstörten Karteien und setzten Unterlagen in Brand. Wie am Beispiel des Sturms auf das Kasseler Gewerkschaftshaus am 7. März 1933 ersichtlich, zielten diese Aktionen noch nicht auf die Ausschaltung der Gewerkschaften insgesamt, sondern auf eine moralische Demütigung ihrer Mitglieder, als die SA deren Fahnen und Symbole auf dem Martinsplatz in der »roten Altstadt« öffentlich verbrannte.

Gewählte Betriebsräte, die der KPD oder sozialistischen Gruppen angehörten, wurden verhaftet, viele Sozialdemokraten abgesetzt und durch NSBO-Vertreter abgelöst. Gleichzeitig konnten auf der Grundlage eines neuen Gesetzes auch in Privatunternehmen politisch unliebsame Arbeiter ohne Kündigungsschutz entlassen werden.

Vor diesem Hintergrund berieten die Vorstände der Freien Gewerkschaften Mitte April 1933 darüber, wie man auf den Vorstoß der Hitler-Regierung, den 1. Mai zum »Tag der nationalen Arbeit« zu erklären, reagieren solle. Bei dieser Debatte setzte sich die Haltung durch, auf jeglichen Widerstand zu verzichten. Der ADGB-Bundesvorstand begrüßte daher am 15. April, dass die Reichsregierung »unseren Tag« zum gesetzlichen Feiertag der nationalen Arbeit, zum deutschen Volksfeiertag, erklärt habe. »Der deutsche Arbeiter soll am 1. Mai standesbewusst demonstrieren, soll ein vollberechtigtes Mitglied der deutschen Volksgemeinschaft werden«, hieß es in der Erklärung. Statt jedoch, wie in den Jahren zuvor, die organisatorische Verantwortung und die kämpferische Mobilisierung für diesen 1. Mai mit seinen Kundgebungen und Aufmärschen zu übernehmen, übergab man die Aufgabe in Gänze an die staatlichen Stellen, was in diesem Fall bedeutete, an das Aktionskomitee bei der Reichsleitung der NSBO.

Die Maifeiern wurden im ganzen Reich als propagandistische Großveranstaltungen vorbereitet. Allein in Berlin gab es zwei große Aufmärsche, am Vormittag die »Jugendkundgebung« im Berliner Lustgarten, am frühen Nachmittag den Massenaufmarsch mit zehntausenden Teilnehmenden auf dem Tempelhofer Feld. Der »Baumeister des Führers«, Albert Speer, hatte extra für diesen Aufmarsch eine monumentale Kulisse entworfen. Trotz des Aufrufes des ADGB zur Teilnahme duldete die NSBO hierbei keine Gewerkschaftsfahnen oder andere Insignien der Arbeiterbewegung. Die Arbeiter sollten nicht – wie in früheren Jahren – nach Gewerkschaften oder Betriebsgruppen aufmarschieren, sondern nach von der NSBO vorgegebenen Berufsgruppen. Auch von der Optik her war deutlich, dass ein solcher 1. Mai nichts mehr mit der Tradition der Arbeiterbewegung zu tun hatte.

Schon bei dieser Maifeier gab es in vielen Orten Zeichen der Verweigerung. Zahlreiche Gewerkschafter und Betriebsräte nahmen nicht an den verordneten Aufmärschen teil, sondern trafen sich mit Arbeitskollegen zu »Maiwanderungen«. Dass man bei diesen »Ausflügen« – nicht ganz so laut – die alten Lieder der Arbeiterbewegung anstimmte und die politische Lage debattierte, machte deutlich, dass es mehr war als eine Verweigerungshaltung. Auch in den folgenden Jahren registrierte die Gestapo, dass am 1. Mai überraschend viele »Wandergruppen« im Kollegenkreis, oftmals zur Tarnung mit Familien, unterwegs waren. In vielen Erinnerungen wird von der Wirkung solcher »Wanderungen« berichtet. Antifaschisten erlebten, dass man trotz Verfolgung und allen Anpassungszwängen doch nicht alleine war.

Was die ADGB-Funktionäre im April 1933 nicht wussten, war die Tatsache, dass bereits am 21. April Robert Ley als Vorsitzender des Aktionskomitees der NSBO einen »Fahrplan zur Zerschlagung der Freien Gewerkschaften« am 2. Mai 1933 herausgegeben hatte. Goebbels schrieb am 17. April 1933 in sein Tagebuch:

> »Den 1. Mai werden wir zu einer grandiosen Demonstration deutschen Volkswillens gestalten. Am 2. Mai werden dann die Gewerkschaftshäuser besetzt. Gleichschaltung auch auf diesem Gebiet. Es wird vielleicht ein paar Tage Krach geben, aber dann gehören sie uns. Man darf hier keine Rücksicht kennen. (...) Sind die Ge-

werkschaften in unserer Hand, dann werden sich auch die anderen Parteien und Organisationen nicht mehr lange halten können.«[8]

Und tatsächlich lief die Zerschlagung der Strukturen des ADGB in der von der NS-Regierung geplanten Form. In einzelnen Fällen hatten sich kämpferische Gewerkschafter in den Häusern zum Schutz ihrer Organisation verschanzt, aber dieser Widerstand wurde am Morgen des 2. Mai 1933 mit Hilfe von Polizei und SA überwunden. Gewählte Gewerkschaftsfunktionäre wurden in »Schutzhaft« genommen. In Duisburg wurden bei den Übergriffen an diesem Tag vier bekannte Gewerkschaftsfunktionäre ermordet. Beschäftigte der Gewerkschaften wurden aufgefordert, weiterzuarbeiten und die Gelder »ordnungsgemäß« zu übergeben. Mit den Finanzmitteln der Gewerkschaften wurde am 10. Mai als Ersatzorganisation die »Deutsche Arbeitsfront« (DAF) gegründet. Sie war eine Zwangsorganisation, die im Oktober 1934 unmittelbar der NSDAP unterstellt wurde. In deren Reihen waren aber nicht nur die Beschäftigten als »Gefolgschaft«, sondern auch die jeweiligen Unternehmer als »Betriebsführer« verpflichtend Mitglied. Es war also keine Interessensvertretung, sondern eine NS-orientierte »Betriebsgemeinschaft«. Bei schwerwiegenden Konflikten zu Lohn- und Arbeitsbedingungen sollten »Treuhänder der Arbeit«, die im Mai 1933 per Gesetz geschaffen wurden, eingreifen. Ihre wichtigste Aufgabe war es, »für die Aufrechterhaltung des Arbeitsfriedens« zu sorgen.

Als ein ganz eigenes Instrument zur Verfolgung von politisch unliebsamen Bestrebungen erwies sich das Gesetz über die »Einziehung kommunistischen Vermögens« vom 26. Mai 1933. Dabei ging es weniger um tatsächliche Besitztümer der längst in die Illegalität gedrängten KPD, sondern um die Enteignung

8 zit. nach Heinrich August Winkler: Arbeiter und Arbeiterbewegung in der Weimarer Republik. Bd. 3. Berlin/Bonn 1990, S. 927

von Geldern, Sachen und Rechten, »die zur Förderung kommunistischer Bestrebungen gebraucht oder bestimmt sind«. Diese Formulierung war so dehnbar, dass alle Dinge, die dem NS-Regime suspekt waren, Sportgeräte eines Arbeitersportvereins, Musikinstrumente und Notenblätter eines Arbeitergesangvereins, selbst Spargroschen eines Vereins für Feuerbestattung, zugunsten des faschistischen Staates eingezogen werden konnten.

Gleichzeitig machten solche Verfolgungsaktionen deutlich, dass es innerhalb des Deutschen Reiches selbst in diesem vorpolitischen Bereich des Arbeitermilieus Oppositionspotenzial gab.

Der organisierte Widerstand der KPD

Als Hauptfeind sah der faschistische Verfolgungsapparat in der Phase der Machtsicherung die Organisationen und Strukturen der Kommunistischen Partei an. Mit massiven politischen Maßnahmen, Versammlungsverboten, der Besetzung des Karl-Liebknecht-Hauses in Berlin und der Zerschlagung der Infrastruktur der Parteiarbeit durch Massenverhaftung wichtiger Funktionäre auf der Grundlage der schon in der Weimarer Zeit angelegten »Feindeslisten« waren die Möglichkeiten der KPD und ihrer Massenorganisationen bereits deutlich eingeschränkt. Die Wählerstimmen bei den Reichstagswahlen im März 1933 zeigten, dass sich zahlreiche Anhänger der KPD noch nicht einschüchtern ließen, aber die Handlungsfähigkeit der kommunistischen Bewegung, die 1932 in ihren verschiedenen Strukturen noch 300.000 Mitglieder hatte, musste komplett umgestellt werden. In der Weimarer Zeit war sie durch ihre öffentliche Präsenz an den Stempelstellen der Arbeitsämter für Arbeitslose, bei Protesten gegen soziale Ungerechtigkeiten oder in der offenen Auseinandersetzung mit den Nazi-Organisationen sichtbar gewesen. Nun musste die Arbeit in der Illegalität umgesetzt werden.

Schon damals existierte innerhalb der KPD mit dem Militärapparat eine konspirative Struktur, die als Vorbereitung auf eine Illegalität angesehen werden kann. Ortsgruppen hatten konspirative Quartiere bei zuverlässigen Personen, die in der Weimarer Zeit nicht im politischen Rampenlicht gestanden hatten, eingerichtet, in denen bedrohte Funktionäre und später in der Illegalität tätige Mitglieder zeitweilig untertauchen konnten. Vervielfältigungsapparate waren in den Kellern von »bürgerlichen« Sympathisanten untergebracht, so dass kommunistische Informationen auch in den Zeiten Verbreitung fanden, als die Presse gleichgeschaltet wurde. Und die nicht verhafteten Mitglieder und Anhänger der KPD organisierten sich nach einer Übergangszeit in Zusammenhängen, die der Verfolgungssituation angemessener waren, wozu beispielsweise das Fünfer-Gruppen-Prinzip gehörte. So sollten sich aus Gründen der Konspiration maximal fünf Mitglieder einer Widerstandsgruppe gegenseitig kennen, damit im Falle von Verhaftungen auch unter Folter keine weiteren Namen verraten werden konnten.

In der Masse mussten die Kommunisten und ihre Anhänger erst einmal lernen, wie unter solch terroristischer Verfolgung antifaschistisches Handeln möglich werden könnte. Dieser Neuorientierung diente die Funktionärskonferenz vom 7. Februar 1933 im Sporthaus Ziegenhals bei Berlin, die als illegale Tagung des Zentralkomitees (ZK) in Anwesenheit des Parteivorsitzenden Ernst Thälmann, der am 3. März 1933 verhaftet wurde, stattfand. Bis Ende Februar gab es trotz Verbot noch öffentliche Versammlungen, oft bei Trauerfeiern für ermordete Arbeiter. Das wurde nach dem Reichstagsbrand ab März 1933, als selbst Beerdigungen als »politische Kundgebungen der KPD« gemäß Notverordnungen polizeilich untersagt wurden, unmöglich.

Das Handeln der KPD und ihrer Anhänger hatte in den ersten Monaten des NS-Regimes zwei Schwerpunkte. Zum ersten versuchte die KPD trotz Verfolgung und politischem

Terror im Sinne ihres Parteiverständnisses eine konspirative Organisationsstruktur aufzubauen, die der Anleitung der in der Illegalität arbeitenden Kommunisten dienen sollte. Das Risiko war, dass jede – auch zufällige – Verhaftung die Unterbrechung der konspirativen Verbindungen bedeuten konnte. Und tatsächlich führten die Massenverhaftungen und die gezielte Verfolgung bekannter Funktionäre dazu, dass bis zum Sommer 1933 von 22 Bezirksleitungen bereits 17 zerschlagen worden waren. Zum Schutz der zentralen Leitung wurde unter Franz Dahlem und Wilhelm Pieck in Paris eine »Auslandsleitung der KPD« geschaffen, die über eine operative Inlandsleitung Kontakte in die Bezirke halten sollte. Beispiele für konspirative Strukturen im Widerstand der kommunistischen Organisationen bis hin zum Wiederaufbau illegaler Bezirksleitungen lassen sich aus nahezu allen Regionen, in denen die Arbeiterbewegung verankert war, nachweisen. Schwieriger war es dort, wo die antifaschistischen Kräfte in der Minderheit waren, im ländlichen Raum oder in Kleinstädten. Dort waren die bekannten Akteure schon frühzeitig verhaftet worden.

Solche Strukturen entsprachen dem zentralistischen Konzept der KPD. Sie sollten den antifaschistischen Kräften im Land selber helfen und über den Austausch mit Kurieren auch Berichte aus dem faschistischen Deutschland an die Auslandsleitung bringen, so dass diese sich ein realistisches Bild von den Zuständen im Land machen konnte.

Der zweite Schwerpunkt war die antifaschistische Aufklärungsarbeit, die insbesondere durch die Herstellung und Verbreitung kommunistischer Flugschriften dem Versuch des NS-Regimes, die kommunistischen Stimmen zum Schweigen zu bringen, entgegenarbeitete. Es ist beeindruckend, festzustellen, wie viele illegale Flugschriften von den Ortsgruppen und Betriebsaktiven der KPD erstellt und in dem jeweiligen Umfeld verbreitet wurden. Dabei nutzten die Verfasser solcher Papiere selbst Propagandaartikel der Nazi-Presse als Informationsquelle und lasen diese Berichte »gegen den Strich«. Sie veröffentlichten Berichte aus den »wilden Konzentrationslagern« und machten deutlich, in welcher rasanten Geschwindigkeit das neue Regime den Abbau von Freiheiten und Rechten der arbeitenden Menschen betrieb. Aber das waren keine nur lokalen Aktivitäten. Unterstützt vom Ausland über die Grenzstützpunkte, aber auch mit den im Inland geschaffenen illegalen Organisationsstrukturen setzten die Kommunisten insbesondere ihre antifaschistische Propaganda- und Aufklärungsarbeit fort. Vom Ausland kamen auf konspirativen Wegen mehrere tausend Exemplare der Parteizeitung *Die Rote Fahne*. Auch zentrale Flugblätter und eine größere Zahl von Tarnschriften wurden illegal über die Reichsgrenzen geschmuggelt. Schon in den ersten Wochen wurde in Tausenden von örtlichen und zentralen Flugschriften die Wahrheit über den Reichstagsbrand verbreitet, wurden die Verfolgungsmaßnahmen angeprangert und die soziale Demagogie entlarvt. Natürlich versuchte der faschistische Verfolgungsapparat mit Hausdurchsuchungen und Verhaftungen die Verbreitung solcher Flugschriften zu verhindern.

Trotz dieses alltäglichen Terrors führten KPD-Mitglieder selbst spektakuläre Aktionen durch, mit denen die Propaganda der Nazi-Führung torpediert wurde. Eine kleine Gruppe von Jungkommunisten, darunter auch Kurt Hager, der spätere DDR-Kulturfunktionär, verhinderte mit Sabotage die Radio- und Lautsprecherübertragung einer groß angekündigten Hitlerrede in Stuttgart. Sie beschädigte die technische Struktur so, dass keine Möglichkeit der Reparatur bestand. Bekannt sind auch die antifaschistischen Parolen an den Brücken und Pfeilern, die vor der mit großem Pomp vorbereiteten Eröffnung der Reichsautobahn angebracht wurden.

Aufklärungsarbeit leisteten nicht nur die Kommunisten, sondern verschiedene antifaschistische Gruppen. Akribisch registrierte die Gestapo das Auftauchen entsprechender Materialien oder wenn man bei Haussuchungen und Verhaftungen auf solche Papiere gestoßen war. Allein in Berlin sind im Jahr 1934 bei über 5.000 Haussuchungen illegale Flugschriften der verschiedenen politischen Gruppen gefunden worden. Die Berichte der Verfolger über solche Flugblätter und illegalen Zeitungen, die man noch heute in den Archiven finden kann, sind ein Ruhmesblatt für die Frauen und Männer aus dem antifaschistischen Widerstand.

Sozialdemokratischer Widerstand

Anders als die Anhänger der KPD reagierte die Mehrzahl der Mitglieder der SPD auf die Errichtung der faschistischen Terrorherrschaft gelähmt bis abwartend. Die Ablehnung des Generalstreiks seitens des Parteivorstandes und die Orientierung auf die Reichstagswahlen, in deren Vorbereitung am 7. Februar 1933 noch eine Massenkundgebung mit etwa 150.000 Menschen im Berliner Lustgarten unter dem Motto »Berlin bleibt rot!« stattfand, war Ausdruck des scheinbar legalistischen Wegs. Mit dem Reichstagsbrand vom 27. Februar 1933 und dem Ergebnis der Reichstagswahl vom 5. März wurde jedes öffentliche Agieren schwer beeinträchtigt. In Schreiben an Reichspräsident Hindenburg beschwerten sich Gewerkschafts- und SPD-Funktionäre über Angriffe auf ihre Organisationen, aber es folgten keine Aktionen.

Die Ablehnung des »Ermächtigungsgesetzes« im Reichstag durch Otto Wels am 23. März 1933 war durchaus noch einmal ein wichtiges Signal sozialdemokratischer Ablehnung des NS-Regimes, auch wenn nicht vergessen werden darf, dass Wels die Verfolgung der Kommunisten und insbesondere die Annullierung der Mandate der KPD mit keinem Wort erwähnte. Der im Land gebliebene SPD-Vorstand um den damaligen Parteivorsitzenden Paul Löbe fuhr trotz der Verfolgungen von

Gewerkschaftern und aktiven Sozialdemokraten einen legalistischen Kurs. So grenzte sich Löbe wenig später – noch kurz vor dem Parteiverbot im Juni 1933 – öffentlich von jenen Vorstandsmitgliedern ab, die auf Beschluss der Reichskonferenz der SPD vom 26. April 1933 im Prager Exil unter dem Namen SoPaDe für die Fortführung der Organisation arbeiteten.

Mit dem SPD-Verbot waren ebenfalls Massenverhaftungen und insbesondere die Übernahme der Häuser, Barmittel und Sachwerte der Partei durch den Staat verbunden. Auf konspirative Arbeit war die Organisation bis dahin nicht vorbereitet. Tatsächlich zerfiel die Parteistruktur im Deutschen Reich. Führende Funktionäre zogen sich ins Privatleben zurück, nur wenige begannen, unter neuen Namen und mit ihnen politisch besonders Vertrauten sozialistische Netzwerke zu knüpfen, mit denen sie sozialdemokratische Strukturen lebendig halten wollten.

Diese Netzwerke, aber auch einzelne Funktionäre, die sich aus der Öffentlichkeit zurückgezogen hatten, wurden wichtige Kontaktpersonen für eine politische Arbeit der SoPaDe. Um ein realistisches Bild von der Wirklichkeit im Deutschen Reich zu erhalten, gaben die Exilsozialdemokraten von Prag aus *Deutschland-Berichte* heraus. Dazu sammelte die SoPaDe Berichte von Vertrauensleuten aus dem Reich, wertete diese aus und veröffentlichte thematische Zusammenfassungen. Anfangs bezogen sie sich oftmals auf das »Hören-Sagen«, waren also wenig mehr als Gerüchte. Mit dem Ausbau des Systems der Grenzsekretäre entwickelte die SoPaDe Kontakte in verschiedene frühere Bezirke der SPD im faschistischen Deutschland. Seit 1934 wurden die Grenzsekretäre zu den wichtigsten Sammelstellen für aus Deutschland stammende Informationen aller Art, die systematisch ausgewertet in den *Deutschland-Berichten* publiziert wurden. Die Auslandsleitung interessierte sich für die allgemeine Situation im jeweiligen Bezirk, die

Wirtschaftslage, Landwirtschaft, Handel und Gewerbe, Korruption, Wehrverbände, NS-Organisationen, Verwaltung, Justiz (inklusive Terror und politischer Verfolgung), Kulturfragen, Jugend und Rüstung. Bis heute bilden die *Deutschland-Berichte* aufschlussreiche zeitgenössische Dokumente aus antifaschistischer Perspektive über die Wirklichkeit im Dritten Reich. Die Wirkung der Arbeit der SoPaDe auf die im Land verbliebene sozialdemokratische Anhängerschaft war erkennbar. Linke Sozialdemokraten fanden sich in neuen Netzwerken und Strukturen zusammen und organisierten Widerstand. Nachfolgend einige Beispiele.

Eine relevante Gruppe war Neu Beginnen, die bereits in der Weimarer Republik eine sozialistische Kritik an SPD und KPD formuliert hatte. Da die Gruppe von Anfang an konspirativ arbeitete, war sie 1933 von Verhaftungen kaum betroffen und konnte ihr Untergrundnetz anfänglich ausbauen. Bis 1935 wuchs die Gruppe auf ca. 500 Mitglieder an. Unter anderem knüpfte man enge Verbindungen zu Anhängern des Bundes der Religiösen Sozialisten Deutschlands, zu einer Gruppe kritischer KPD-Mitglieder, zur Widerstandsgruppe von Eisenbahnern um Hans Jahn und zu anderen Gewerkschaftern. Die Gruppe trat weniger durch öffentliche Aktionen in Erscheinung, sondern konzentrierte sich auf Aufklärung, die Schaffung von Netzwerken und ein Kuriernetz zur Einfuhr und Verbreitung antifaschistischer Schriften. Erst zum Jahreswechsel 1935/36 gelang es der Gestapo, einzelne Kontakte zu enttarnen. Schon in der Weimarer Zeit bekannte Nazigegner, wie Fritz Erler, wurden später zu langjährigen Zuchthausstrafen verurteilt.

Eine ebenfalls einflussreiche SPD-orientierte Widerstandsgruppe waren die Revolutionären Sozialisten Deutschlands, die ihre Basis in den SPD-Bezirken Sachsen und Thüringen hatten. Da sie die Gefahr des Faschismus als größer einschätzten als die SPD-Führung, hatten sie schon Ende der Weimarer Republik ein eigenes Kuriernetz aufgebaut. Da sie über Mittel der SPD-Bezirke verfügten, waren sie in der Lage, eigene Grenzsekretariate zu unterhalten, insbesondere das auch für die SoPaDe wichtige Karlsbader Sekretariat. Gemeinsam mit dem (Neuen) Roten Stoßtrupp und der Auslandsvertretung von Neu Beginnen, zwei linkssozialistische Widerstandsgruppen, versuchten die Revolutionären Sozialisten Deutschlands in der Zeit von 1934 bis ca. 1936 deutlichen Einfluss auf die SoPaDe auszuüben.

In Kritik auf die abwartende Haltung der SPD-Führung nach dem »Preußenschlag« vom Juli 1932, als die geschäftsführende preußische Regierung mit dem Sozialdemokraten Otto Braun an der Spitze widerstandslos durch den Eingriff der Reichsregierung unter Franz von Papen abgesetzt werden konnte, entstand unter jüngeren SPD-Mitgliedern die Gruppe Roter Stoßtrupp. Nach der Machtübertragung trat die Gruppe mit antifaschistischer Aufklärung an die Öffentlichkeit. Bis November 1933 gab sie 27 Ausgaben einer gleichnamigen Zeitschrift mit einer Auflage von über 1.000 Exemplaren heraus und verbreitete sie in fast alle Teile des Dritten Reiches und im Ausland. Man berichtete schon früh über Korruption und Lügen der NS-Eliten sowie über Folterkeller und Konzentrationslager. Mit diesem Blatt erreichte man tatsächlich mehrere tausend Menschen. Der Gruppe gelang es unter anderem dank dieser Verbindungen bis Ende 1933 verschiedene Ortsgruppen (z. B. in Bielefeld, Kassel, Pirmasens und Stettin) aufzubauen. Anfang Dezember 1933 wurden etwa 150 Mitglieder und Sympathisanten der Widerstandsgruppe von der Gestapo festgenommen. Mindestens 61 wurden 1934 und 1935 zu teilweise langjährigen Gefängnis- und Zuchthausstrafen verurteilt.

Eine bemerkenswerte Widerstandsgruppe entwickelte sich um die Brotfabrik Germania in Duisburg-Hamborn. Der Sozialdemokrat August Kordahs hatte im März 1934 die heruntergewirtschaftete Fabrik gekauft und verkaufte Backwaren auch durch Auslieferungsfahrer. Er stellte für diese Arbeit Sozialdemokraten und Gewerkschafter ein. Diese Auslieferungsfahrten wurden die Tarnung zum Aufbau eines illegalen Netzwerkes.

Die Fahrer lieferten nicht nur Brot, sondern auch illegales Material, organisierten geheime Treffen und hielten den Kontakt mit einem SoPaDe-Grenzsekretär. Zu ihren »Kunden« gehörten Sozialdemokraten, ehemalige Gewerkschafter und andere vertrauenswürdige Nazigegner. Etwa 100 Abnehmer des illegalen Materials fuhren die Fahrer an. Gleichzeitig sammelten sie Informationen für die *Deutschland-Berichte*.

Das Verteilungsgebiet umfasste den Niederrhein und Mittelrhein bis Bonn sowie Aachen. Es reichte bis ins Bergische Land, nach Ostwestfalen und nach Lüdenscheid im Sauerland. Trotz sorgfältiger Absicherung flog die Organisation Anfang 1935 auf. Nach intensiver Recherche der Gestapo wurden mehrere hundert Antifaschisten verhaftet. Die SoPaDe sprach im Jahr 1936 von 1.000 Personen, von denen 600 vor dem Oberlandesgericht Hamm angeklagt wurden.[9]

Auch nach dem Ende dieser organisierten Arbeit nutzten Sozialdemokraten legale Berufe als Tarnung für antifaschistische Kontaktpflege. Mehrere von ihnen wurden Versicherungsvertreter wie beispielsweise Hermann Arndt aus Görlitz und Johann Schreiter aus Bad Kreuznach, andere arbeiteten als Handelsvertreter, wie Erich W. Gniffke mit seiner Firma Heibacko bzw. Grude-Herde. Auf diese Weise hatten sie eine legale Möglichkeit, durch die Lande zu reisen und Kontakte zu

---

9 vgl. Jürgen Dzudzek: Brotfabrik Germania in Duisburg-Hamborn: Ein Zentrum des Widerstandes gegen die nationalsozialistische Terrorherrschaft im Rhein-Ruhrgebiet: ein Beispiel für das Wirken von Gewerkschaftern im Widerstand. Duisburg 1986

Menschen zu knüpfen – auch zu denen, mit denen sie früher politisch verbunden waren. Zum Aufbau von Widerstandsgruppen, hat dies jedoch nicht geführt.

Gewerkschaftlicher Widerstand

In den Gewerkschaften hatten die legalistische Haltung und die Zustimmung zum 1. Mai als »Tag der nationalen Arbeit« die Mobilisierungsbereitschaft und Handlungsfähigkeit massiv beeinträchtigt. Zwar hatten sich im Februar/März 1933 in mehreren Gewerkschaftshäusern »Hammerschaften« der Eisernen Front und gewerkschaftliche Aktivisten zum Schutz der Häuser eingefunden, aber die Zerschlagung der Freien Gewerkschaften am 2. Mai und die Gründung der DAF veränderte alle Handlungsbedingungen. Führende Funktionäre des ADGB waren vor der drohenden Verhaftung aus Deutschland geflohen. Sie schufen im Herbst 1934 in der Tschechoslowakei, auf einer Konferenz in Reichenberg (Liberec), eine Auslandsvertretung, die »Illegale Reichsleitung der deutschen Gewerkschaften«. Später verlagerte diese ihren Sitz zu Fritz Tarnow nach Kopenhagen. Zwar bauten die Gewerkschaften keine illegalen Strukturen im Deutschen Reich auf, aber man verfügte über ein verdecktes Informationsnetz mit mehreren tausend Personen. Das machte sie zu wichtigen Ansprechpartnern.

Unter den ersten, die aus Deutschland fliehen mussten, waren Gewerkschafter mit jüdischen Wurzeln. Der spätere DGB-Vorsitzende Ludwig Rosenberg ging beispielsweise nach England. Mitverantwortlich für die Entscheidung zur Flucht war sicherlich auch die ambivalente Haltung einzelner Gewerkschaftsvorstände, die schon in den ersten Wochen des Jahres 1933 ihre jüdischen Kollegen zum Rücktritt drängten – angeblich um Schaden von der Organisation abzuwenden. Genannt werden muss die Entlassung von Hans Gottfurcht vom Zentralverband der Angestellten (ZdA) Ende April 1933.

Die Arbeit dieser Auslandsvertretung wurde vom Internationalen Gewerkschaftsbund (IGB) finanziell unterstützt. Der IGB erwies sich in dieser Situation solidarisch, obwohl der ADGB im Zuge der Anpassungspolitik am 22. April 1933 aus dem IGB ausgetreten war. Die »Illegale Reichsleitung der deutschen Gewerkschaften« entwickelte sich zu einem wichtigen Ansprechpartner, gerade auch für ins Ausland geflohene Mitglieder. Erwähnenswert ist auch, dass in den Tagungen der illegalen Reichsleitung nicht nur Tagesaufgeben besprochen, sondern bereits Planungen für die Zeit nach dem Ende der NS-Diktatur diskutiert wurden.

Gewerkschaftliches Handeln im Deutschen Reich hatte sich nach Ausschaltung des ADGB und Inkrafttreten des »Gesetzes zur Ordnung der nationalen Arbeit« vom Januar 1934 grundlegend verändert. Das Betriebsverfassungsgesetz der Weimarer Republik wurde aufgehoben und an dessen Stelle – im Sinne der Unternehmerseite – eine Arbeitsverfassung geschaffen, die ganz offen die neuen Machtverhältnisse im Betrieb beschrieb. Zwar wurde im Artikel 1 noch von Gemeinwohlorientierung gesprochen: »Im Betriebe arbeiten der Unternehmer als Führer des Betriebes, die Angestellten und Arbeiter als Gefolgschaft gemeinsam zur Förderung der Betriebszwecke und zum gemeinsamen Nutzen von Volk und Staat«, aber schon der zweite Artikel wurde deutlich: »Der Führer des Betriebes entscheidet der Gefolgschaft gegenüber in allen betrieblichen Angelegenheiten«.

Als einziges Organ, bei dem die Beschäftigten in Betrieben zumindest Anhörungsrechte besaßen, war der »Vertrauensrat«, der in Betrieben mit mindestens zwanzig Arbeitern eingerichtet werden sollte. Vorsitzender des »Vertrauensrates« war der Unternehmer, Beschäftigtenvertreter mussten Mitglied der DAF sein und »die Gewähr bieten, (…) jederzeit rückhaltlos für den nationalen Staat« einzutreten. Auf diese Weise versuchte man jegliches oppositionelles Potenzial in den Betrieben auszuschalten.[10]

Trotz dieser schwierigen Vorgaben nutzten engagierte Antifaschisten in verschiedenen Betrieben die im März 1934 vom NS-Regime angeordneten Vertrauensleute-Wahlen, um deutlich ihre oppositionelle Haltung zu dokumentieren. In den *Deutschland-Berichten* wurde hervorgehoben, dass oftmals prominente NSBO-Funktionäre bei den Wahlen durchfielen und Kollegen, die sich stärker für die Beschäftigten einsetzten, gewählt wurden. Insbesondere in Großbetrieben votierten teilweise mehr als 50 Prozent der Arbeiter gegen Nazikandidaten. Auch eine sehr geringe Wahlbeteiligung wurde als Oppositionshaltung verstanden. Vor diesem Hintergrund wurden nach 1935 keine betrieblichen Vertreterwahlen mehr angesetzt.

Trotz massiver Einflussnahme und Überwachungen zeigte sich in den Betrieben ein erhebliches Resistenzpotenzial. Dieses kam nicht allein in politischen Aktionen zum Ausdruck, sondern zeigte sich ebenfalls im sozialpolitischen Widerstand. Timothy Mason konnte nachweisen, dass mit Beginn der Aufrüstungskonjunktur in den Betrieben zunehmend Streikaktivitäten und andere Versuche der kollektiven Widerstandsformen gegen die Zielsetzungen der faschistischen Wirtschaftspolitik entstanden.[11] Hierin erhofften sich die Antifaschisten Ansatzpunkte für die Gewinnung von proletarischen Massen für die Verbreiterung des antifaschistischen Kampfes.

Und tatsächlich gelang es, neue Formen des gewerkschaftlichen und betrieblichen Widerstandes zu entwickeln. Insbesondere in den Großbetrieben und im Bergbau kam es zu

10 Gesetz abgedruckt in Schneider: 1933, a. a. O., S. 167f

11 vgl. Timothy W. Mason: Sozialpolitik im Dritten Reich. Arbeiterklasse und Volksgemeinschaft. Opladen 1977

gemeinsamen Aktionen von sozialdemokratischen und kommunistischen Gewerkschaftern. Am bekanntesten sind die auf betrieblicher Ebene geschaffenen antifaschistischen Gruppen von Textil- und Metallarbeitern im Raum Wuppertal, einer Region, die traditionell als »rot« galt. Sie druckten und verteilten Flugblätter, selbst eigene Zeitungen. Trotz aller Konspiration war ein Netzwerk, dem nach unterschiedlichen Quellen mindestens 1.000 Frauen und Männer angehörten, nicht absolut abzusichern. Im Januar 1935 gelang es der Gestapo in Zusammenarbeit mit dem Sicherheitsdienst des Reichsführers SS (SD) und mit Hilfe von Spitzeln, die diese Gruppen infiltrierten, die meisten dieser Widerstandsgruppen zu zerschlagen. Die Verhaftungen von über 1.200 – andere Angaben sprechen gar von 1.900 – Frauen und Männern aus Wuppertal, Velbert, Solingen und Remscheid führten zu den Wuppertaler Gewerkschaftsprozessen. Zwischen 1935 und 1937 fanden diese Prozesse vor dem Volksgerichtshof (VGH) und dem Oberlandesgericht Hamm statt. 649 Frauen und Männer, zumeist waren es Mitglieder der verschiedenen illegalisierten Arbeiterparteien und Gewerkschaften, wurden wegen Vorbereitung zum Hochverrat zum Teil zu mehrjährigen Haftstrafen verurteilt.

Erwähnenswert ist in dem Zusammenhang die internationale Solidarität, organisiert durch ein Wuppertal-Komitee. Ein von niederländischen Antifaschisten und der KPD-Abschnittsleitung in Amsterdam gegründetes »Centraal Comité Wuppertal Proces« sammelte Weihnachten 1935 Geld für die Familien der Verhafteten. Auf dem Höhepunkt der Kampagne entsandten französische Gewerkschaften und niederländische Studentenorganisationen Delegationen zu den Prozessen.[12]

---

12 vgl. Stephan Stracke: Die Wuppertaler Gewerkschaftsprozesse. Gewerkschaftlicher Widerstand und internationale Solidarität. Reihe Verfolgung und Widerstand in Wuppertal. Bd. 12. Bremen/Wuppertal 2012

Grenzarbeit, Fluchthilfe und Rettungswiderstand

Eine besondere Form des Widerstands, die insbesondere von den Arbeiterorganisationen organisiert wurde, war die Rettung von Menschen, die aus politischen oder rassistischen Gründen im Deutschen Reich verfolgt wurden. Schon 1933 baute man im Saargebiet, das gemäß Versailler Vertrag noch vom Deutschen Reich abgespalten war, und der Tschechoslowakei eine so genannte Grenzarbeit auf. Verbunden mit Antifaschisten auf der deutschen Seite der Grenze halfen Nazigegner, die oftmals schon in den ersten Wochen ins Exil gegangen waren, Flüchtlingen beim illegalen Grenzübertritt und unterstützten sie bei der Ankunft mit Unterkunft, Verpflegung, Papieren und Möglichkeiten der Weiterreise.

In Sachsen und Schlesien organisierten Mitglieder der Naturfreunde und der »Roten Bergsteiger« Fluchtwege über das Riesengebirge. Die auf diese Weise geretteten Menschen wurden auf tschechoslowakischer Seite von antifaschistischen Netzwerken betreut. Im Saargebiet machten sich besonders drei Frankfurter Frauen einen großen Namen bei diesen Rettungsaktionen. Es waren Marie Juchacz, Sozialdemokratin und Gründerin der Arbeiterwohlfahrt, Lore Wolf, Kommunistin, die nach dem Ende des NS-Regimes die Betreuungsstelle für NS-Verfolgte leitete und Gründungsmitglied der Vereinigung der Verfolgten des Naziregimes (VVN) war, sowie Johanna Kirchner, ebenfalls Sozialdemokratin, die später von den Nazis verhaftet und als junge Mutter 1944 wegen »Vorbereitung zum Hochverrat« in Plötzensee hingerichtet wurde.

Die Grenzarbeit im Saargebiet, das unter Aufsicht des Völkerbundes stand, endete abrupt Anfang 1935. In den Jahren 1933 bis 1935 gab es im Saargebiet einen Abstimmungskampf. Mit Unterstützung aus Hitlerdeutschland hatte die NSDAP seit 1933 erheblich an Einfluss im Saargebiet gewonnen. Die bürgerlich-liberalen Parteien und das katholische Zentrum schlossen sich unter deren Führung auf Initiative des Völklinger Stahlindustriellen Herrmann Röchling zur »Deutschen Front (DF)« zusammen. Bei der für den 13. Januar 1935 angesetzten Saarabstimmung agitierten sie unter der Losung »Heim ins Reich« für eine Angliederung an das Deutsche Reich.

Antifaschisten bildeten im Abstimmungskampf eine Einheitsfront von KP, SP, Gewerkschaften und einigen Katholiken. Sie kämpften unter der Losung »Haltet die Saar, Genossen« für den Status quo. Das war insofern kompliziert, als auch die Arbeiterparteien bis 1933 – und die Kommunisten auch noch eine Zeit danach – für eine Wiedereingliederung ins Deutsche Reich warben. Nun wurde der Status quo propagiert, das hieß Beibehaltung der Mandatsverwaltung bis zum Sturz Hitlers.

Unterstützt wurden sie von antifaschistischen Emigranten, die sich ins Saargebiet gerettet hatten und von hier ins Deutsche Reich hineinwirkten. Von Max Braun, dem damaligen Vorsitzenden der saarländischen Sozialdemokraten, ist das Motto überliefert: »Lieber republikanisch sterben als faschistisch verderben«. Zahlreiche Künstler und Publizisten unterstützten diesen Kampf, darunter Bertolt Brecht, Heinrich Mann, Thomas Mann, Hedda Zinner, Kurt Tucholsky, Margarete Buber-Neumann, Lore Wolf, Erich Weinert und John Heartfield.

Das Abstimmungsergebnis war ein schwerer Rückschlag für die Nazigegner. 90,4 % aller abgegebenen Stimmen sprachen sich für den Anschluss an das Reich aus. Damit waren auch viele ehemalige SP- und KP-Wähler der nationalistischen Propaganda verfallen. Lediglich 8,8 % stimmten für den Status quo. Am 18. Januar 1935 wurde das Saargebiet auf Beschluss des Völkerbundrates wieder dem Deutschen Reich eingegliedert. Die Konsequenz für den Arbeiterwiderstand war, dass politische Emigranten und zahlreiche Saarländer nach Frankreich fliehen mussten und damit gleichzeitig die geknüpften Verbindungen ins Deutsche Reich abrissen.

Zwischenfazit

Selbst wenn es dem NS-Regime innerhalb weniger Monate gelungen war, die politischen und gesellschaftlichen Machtpositionen zu besetzen und die »Volksgemeinschaft« auf die Unterstützung ihrer politischen und ideologischen Zielstellungen zu orientieren, gab es im faschistischen Deutschland Frauen und Männer, die sich unter Einsatz ihres Lebens, ihrer Gesundheit und ihrer Freiheit sich dem Regime widersetzten. Sie benötigten dafür Netzwerke und Organisationen, die teils im Land aufgebaut oder aus dem Exil unterstützt wurden.

Für das Widerstandspotenzial waren aber nicht nur die Parteien und Gewerkschaften von Bedeutung, sondern auch die kulturellen Vereine des Arbeitermilieus, die – wie bereits gesagt – in der Weimarer Republik eine enorme Bindekraft ausgeübt hatten. Aus der Sicht des NS-Regimes war deren Verbot und Verfolgung nur folgerichtig. Jedoch reichte es nicht, die offiziellen Strukturen zu verbieten, deren Eigentum, bis zu Immobilien und anderen Werten, zu beschlagnahmen. Das praktische Handeln der Frauen und Männer aus dem Arbeitermilieu konnte damit nur teilweise unterbunden werden. Auch wenn sich die Naturfreundehäuser und ihre Hütten, die für den Wanderbetrieb als Anlaufstellen hilfreich waren, nicht mehr im Besitz der Organisation befanden, ließen sich viele Mitglieder nicht davon abhalten, in den ihnen vertrauten Gegenden und mit ihnen vertrauten Menschen auf Wandertour zu gehen. Solche »unkontrollierbaren« Versammlungen wurden von der Gestapo kritisch beäugt und überwacht. Später ging auch die Hitlerjugend dazu über, Ausflugsgruppen von Jugendlichen bei ihrer Heimkehr an den Bahnhöfen zu kontrollieren und namentlich zu erfassen, um mögliche Anhänger oppositioneller Jugendgruppen ausfindig zu machen.

Im Milieu des Arbeitersports entwickelten die ehemaligen Mitglieder des Rad- und Kraftfahrerbunds »Solidarität«, der im Mai 1933 verboten worden war, durchaus findige Alternativen zur Eingliederung in die NS-gesteuerten Vereine des »Deutschen Radfahrer-Verbandes«. In einer Festschrift zum 125-jährigen Bestehen wird ein Brief von »Reichssportführer« Hans von Tschammer und Osten vom 18. Juni 1934 ans Reichsinnenministerium zitiert. Darin gibt er einen Spitzelbericht weiter, in dem es heißt:

> »Seitdem die Wanderfahrsaison eingesetzt hat, mache ich fast jeden Sonntag eine interessante Wahrnehmung. Ich beobachte, daß frühere Angehörige der linksorientierten Parteien sich in kleineren und größeren Gruppen zusammenfinden und per Rad unbeachtete Orte aufsuchen. (…) Da ich begründeten Verdacht habe, daß diese Leute einen gewissen Nachrichtendienst ausüben, habe ich vor ca. 14 Tagen die geheime Staatspolizei unterrichtet (…)«[13]

Politische Neuorientierung

Nach der politischen Niederlage 1933 wurde eine Klärung der antifaschistischen Strategie und Bündnisorientierung in den Arbeiterorganisationen unausweichlich.

Einen politischen Neuanfang im sozialdemokratischen Spektrum gab es im Januar 1934, als der Prager Exilvorstand einen programmatischen Text mit einer Einschätzung des Weges in den Faschismus und einer Darstellung der Aufgaben im antifaschistischen Kampf formulierte, das »Prager Manifest«. Es war weniger ein Aktionsprogramm, sondern eine programmatische Rückbesinnung auf die revolutionären Traditionen der alten Sozialdemokratie aus der Zeit vor 1914. In deutlicher Abgrenzung zum Kurs des Jahres 1933 heißt es darin:

> »Im Kampf gegen die nationalsozialistische Diktatur gibt es kein Kompromiss, ist für Reformismus und Legalität keine Stätte.«

---

13 zit. nach RKB »Solidarität« Deutschland 1896 e. V.: Festschrift. 125 Jahre Sport, Bewegung, Solidarität. Offenbach 2021

Die Frage der sozialen Dimension der faschistischen Herrschaft wird ebenfalls deutlicher beantwortet, als noch in der Weimarer Zeit:

> »Der Nationalsozialismus leugnet in seiner Theorie die Klassenkämpfe, seine Praxis verschärft sie auf das Grausamste. Seine Herrschaft bedeutet eine unerhörte Steigerung der sozialen Gegensätze, ein neues Erhitzen des Kessels bei gewaltsamer Verschließung aller Ventile. Die Unterdrückung aller Organisationen der Arbeiter und Angestellten, ihre völlige Entmachtung, überliefert sie der Willkür des Großkapitals, in dessen Interessen die Diktatur die Staatsmacht gestellt hat.«

Damit beschreibt die SPD deutlich den Klassencharakter dieser Herrschaft und des mit ihr verbundenen Staates.

Von besonderer Bedeutung für die antifaschistische Strategie waren die Aussagen zu den Bündniskräften, mit denen man den gemeinsamen Kampf gegen die faschistische Herrschaft führen wollte:

> »In diesem Kampfe wird die Sozialdemokratische Partei eine Front aller antifaschistischen Schichten anstreben. Sie wird die Bauern, die Kleingewerbetreibenden, die Kaufleute, die durch die Versprechungen der Nationalsozialisten betrogen sind, sie wird die Intellektuellen, die unter dem gegenwärtigen Regime ein bisher unvorstellbares Maß der Unterdrückung und Entwürdigung erleiden, zum gemeinsamen Kampf mit der Arbeiterklasse aufrufen. Wir haben den Weg, wir haben das Ziel des Kampfes gezeigt. Die Differenzen in der Arbeiterbewegung werden vom Gegner selbst ausgelöscht. Die Gründe der Spaltung werden nichtig. Der Kampf zum Sturz der Diktatur kann nicht anders als revolutionär geführt werden. Ob Sozialdemokrat, ob Kommunist, ob Anhänger der zahlreichen Splittergruppen, der Feind der Diktatur wird im Kampf durch die Bedingungen des Kampfes selbst der gleiche sozialistische Revolutionär. Die Einigung der Arbeiterklasse wird zum Zwang, den die Geschichte selbst auferlegt.«

Und so endet der Text – in Analogie zum »Kommunistischen Manifest« – mit den Worten:

> »Deutsche Arbeiter, ihr habt nur die Ketten eurer Knechtschaft zu verlieren, aber die Welt der Freiheit und des Sozialismus zu gewinnen! Deutsche Arbeiter, einigt euch im revolutionären Kampf zur Vernichtung der nationalsozialistischen Diktatur! Durch Freiheit zum Sozialismus, durch Sozialismus zur Freiheit!«[14]

Es gelang über Grenzsekretäre der SoPaDe und Kuriere, diesen Text als antifaschistische Tarnschrift (»Die Kunst des Selbstrasierens«) in hoher Auflage im Deutschen Reich zu verbreiten.

Was sich auf sozialdemokratischer Seite im »Prager Manifest« zeigte, fand auf kommunistischer Seite – nach verschiedenen, teilweise widersprüchlichen Vorläufern – auf dem VII. Weltkongress der Kommunistischen Internationale und der Brüsseler Konferenz der KPD von 1935 statt. Im Hauptreferat des VII. Weltkongresses von Seiten Georgi Dimitroffs, der 1933 die Wirklichkeit faschistischer Herrschaft in Deutschland am eigenen Leib erfahren hatte und als Angeklagter im Reichstagsbrandprozess äußerst wirksam aufgetreten war, wurden zwei grundlegende Fragen behandelt. Erstens ging es um eine Analyse dessen, was unter »Faschismus an der Macht« zu verstehen sei, d. h. welche gesellschaftlichen Hauptkräfte die Träger der faschistischen Herrschaft waren und worin deren zentrale politische und ideologische Zielsetzungen bestanden.[15]

Zweitens ging es – daraus abgeleitet – um die Frage, wie und mit welchen politischen Kräften der antifaschistische Kampf geführt werden könne. Dabei analysierte Dimitroff neben der Situation in Deutschland auch die erfolgreichen Kämpfe der französischen Antifaschisten und andere interna-

---

14 Text zit. nach Günter Gleissberg: SPD und Gesellschaftssystem. Frankfurt a. M. 1973, S. 79-91

15 vgl. dazu insbes. Guido Speckmann / Gerd Wiegel: Faschismus. Köln 2012

tionale Erfahrungen. Zentrale Aufgabe war die »Herstellung der Einheitskampffront der Arbeiterklasse« mit dem Ziel, deren unmittelbare wirtschaftliche und politische Interessen und die bürgerlich-demokratischen Freiheiten zu verteidigen sowie den Kampf gegen die faschistische Offensive und die Gefahr eines imperialistischen Krieges zu führen.

Grundlegend für eine solche Einheitsfront-Strategie war eine Revision des Verhältnisses zur Sozialdemokratie. Man verabschiedete sich endgültig von dem Begriff des »Sozialfaschismus« und es sollte nun nicht mehr nur um eine »Einheitsfront von unten« (also nur gegen die sozialdemokratische Führung!) gehen, sondern um ein gleichberechtigtes Miteinander auf allen Ebenen. Hierfür sah man – bekräftigt durch das »Prager Manifest« – auch für Deutschland angesichts der gemeinsamen Bedrohung durch den Faschismus eine reale Basis.

Diese Einheitsfront der Arbeiterklasse sollte den Nukleus bilden für ein umfassenderes antifaschistisches Bündnis, für die antifaschistische Volksfront, für die auch jene im Widerspruch zum Faschismus stehenden bzw. geratenden bäuerlichen, kleinbürgerlichen, intellektuellen, christlichen, bürgerlich-demokratischen Bevölkerungsgruppen gewonnen werden müssten.

Eine erfolgreiche Entwicklung könnte, so wurde erwartet, zur Schaffung von Regierungen der proletarischen Einheits- oder antifaschistischen Volksfront führen. Ein solches Bündnis zielte nicht auf ein sozialistisches Regierungsprogramm, sondern stellte eine antifaschistische Plattform gegen Faschismus und Reaktion dar. Voraussetzung dafür wären allerdings ein Aufschwung der antifaschistischen Massenbewegung und ein entscheidender Einfluss von Anhängern der Einheits- und Volksfront in den beteiligten Parteien.

Ausgehend von den Festlegungen des VII. Weltkongresses kam die KPD auf ihrer Brüsseler Parteikonferenz vom Oktober 1935 (die bei Moskau stattfand) zu einer Neuformulierung ihrer antifaschistischen Strategie. In dem zentralen Referat übte Wilhelm Pieck recht grundsätzlich Selbstkritik an fehlerhaften politischen Orientierungen der KPD in den Jahren 1932 und 1933. Man habe angesichts der drohenden faschistischen Herrschaft nicht rechtzeitig den Kampf um die Verteidigung von Demokratie und Freiheit in den Mittelpunkt gerückt. Zwar habe man Bündnisangebote an die SPD und die Gewerkschaften gerichtet, aber gleichzeitig die sektiererischen Positionen der »Sozialfaschismus-These« und die RGO-Politik beibehalten. Außerdem habe man das Bemühen um die kleinbürgerlichen und bäuerlichen Schichten vernachlässigt und nicht verstanden, warum diese Teile der Gesellschaft im Besonderen den propagandistischen Verlockungen der NSDAP folgten.

Die Konferenz erklärte die Herstellung der Einheitsfront der Arbeiterklasse und der antifaschistischen Volksfront aller Werktätigen zur zentralen Aufgabe im Kampf für den Sturz der faschistischen Herrschaft in Deutschland. Allerdings sollte der Sturz der faschistischen Diktatur noch immer in die Errichtung eines Räte- bzw. Sowjetdeutschland münden. Zwar sahen die Kommunisten in aller Deutlichkeit die Kriegsvorbereitung und die damit verbundenen Einschränkungen der sozialen Leistungen, sie unterschätzten aber – wohl auch, weil sie durch Verfolgung und Ausgrenzungen an den gesellschaftlichen Rand gedrängt worden waren – die integrative Wirkung der »Volksgemeinschafts-Ideologie« und ihre jeweiligen Ausdrucksformen.

Nicht nur im Deutschen Reich, wo diese neue Einheits- und Volksfrontstrategie in den konspirativen Parteistrukturen nur unter großen Schwierigkeiten verwirklicht werden konnte, auch im Exil und in der internationalen Arbeiterbewegung fand diese Orientierung ihre politische Umsetzung. Das bedeutendste Beispiel aus dem französischen Exil war der von dem führenden KPD-Funktionär Willi Münzenberg im Herbst 1935 initiierte »Ausschuss zur Vorbereitung einer deutschen Volksfront«.

Kapitel III

1936 bis 1939

»Leere Jahre« der Arbeiterbewegung?

Die Rahmenbedingungen für den antifaschistischen Widerstand im Deutschen Reich wurden zunehmend komplizierter. Der Aufbau von Organisationen innerhalb des Landes wurde ab 1936/37 durch die Perfektion des Terrors und ein Netz von Überwachern und Denunzianten bis zum Äußersten erschwert. Die Verfolgung und Verurteilung von Antifaschisten, die auch nur in Verdacht standen, sich im Sinne verbotener Organisationen betätigt zu haben, wurde deutlich verschärft. Das System der Konzentrationslager, das zuerst der Einschüchterung und kurzfristigen Ausschaltung von Widerstand diente, war nun zu einem integralen Bestandteil der Terrorherrschaft geworden. Einrichtungen wie die Konzentrationslager Buchenwald, Neuengamme, Sachsenhausen und Ravensbrück waren auf Dauer angelegt.

Gleichzeitig zeigte die propagandistische Beeinflussung und soziale Korrumpierung von Teilen der »Volksgemeinschaft« und auch der Arbeiterklasse zunehmend Wirkung. Die Rüstungskonjunktur durch das Kriegsprogramm des Vier-Jahres-Plans von 1936 führte zu Vollbeschäftigung. Die Angst vor Arbeitslosigkeit, die noch Anfang der 1930er Jahre das Alltagsbewusstsein vieler arbeitenden Menschen dominiert hatte, wurde nun ersetzt durch die Belastungen einer zunehmenden Arbeitshetze in der Kriegs- und Rüstungsproduktion. Erste Ansätze von sozialpolitischen Auseinandersetzungen versuchten die Unternehmen noch durch kleinere Zugeständnisse zu beruhigen.

Die Privilegierung der »Volksgenossen« und die immer massivere Ausgrenzung jüdischer Menschen lenkte nicht nur mögliche Unzufriedenheit auf ein rassistisches Feindbild, sondern bot Einzelnen vor allem aus dem freiberuflichen und selbständigen Mittelstand durchaus Aufstiegs- und Gewinnmöglichkeiten, die sich aus der »Arisierung« jüdischen Eigentums ergaben.

Die ideologische und politische Herausforderung für die antifaschistischen Gruppen war es, in einem Umfeld, wo es doch scheinbar »allen gut ging«, wo dem Regime die Korrumpierung großer Teile der »Volksgemeinschaft« möglich war, Anknüpfungspunkte für den Widerstand zu finden.

Wie kompliziert und kleinschrittig die Aufrechterhaltung einer illegalen antifaschistischen Organisation in dieser Zeit war, wird in einer Lokalstudie aus der sächsischen Region sichtbar. Darin heißt es zum Frühjahr 1936:

> »Die im Raum Sebnitz illegal arbeitenden Kommunisten, Sozialdemokraten und parteilosen Antifaschisten werden vor allem in der Grenzarbeit zur Schleusung und Weiterleitung illegaler Literatur sowie zur Führung gefährdeter Genossen in die ČSR eingesetzt und nehmen durch ihre leitenden Genossen, dem Sozialdemokraten Walter Knobloch aus Sebnitz und dem Kommunisten Walter Zirnstein aus Ulbersdorf, Verbindungen zueinander auf. Diese beiden Genossen werden gemeinsam mit dem Sozialdemokraten Walter Kaul aus Sebnitz die wichtigsten Funktionäre der von der KPD inspirierten und organisierten Volksfrontgruppe im Sebnitzer Gebiet. Diese Volksfrontgruppe stand in enger Verbindung mit der Grenzabschnittsleitung der KPD, besonders zum Grenzunterabschnittsleiter Camillo Hölzel und zum Beauftragten für die Rote Hilfe Jakob Binder. In Abständen von sechs bis acht Wochen hinterlegt ein Genosse mit dem Decknamen

›Kalin‹ in der Nähe des ›Schützenhauses‹ in Sebnitz illegale Literatur, u. a. ›Georgi Dimitroff, Briefe und Aufzeichnungen aus der Zeit der Haft und des Leipziger Prozesses‹ und *Die Rote Fahne*, die von Genossen in der Region abgeholt wurden, um sie anschließend in ihrem Umfeld konspirativ zu verbreiten.«[16]

Es waren also weniger spektakuläre Widerstandsaktionen, sondern eher die »Mühen der Ebene«, die die alltägliche Arbeit prägten, bei der es auch um die Aufrechterhaltung von Kontakten, gemeinsame inhaltliche Verständigung und den Transport von illegalen antifaschistischen Schriften über die Grenze und die Verbreitung im Land selber ging. Und immer wieder wird in dieser Chronik vermerkt, dass die Gestapo Haussuchungen bei bekannten antifaschistischen Frauen und Männern vornahm, dass Aktivisten verhaftet, vor Gericht gestellt und verurteilt wurden.

Natürlich nutzten die Nazigegner alle sich bietenden Gelegenheiten, bei denen es möglich war, innergesellschaftliche Widersprüche oder NS-Propagandaaktionen für antifaschistische Aufklärungsarbeit zu nutzen. Eine interessante Gelegenheit, auf die mit Unterstützung der Exilorganisationen reagiert wurde, waren die Olympischen Spiele 1936 in Garmisch-Partenkirchen (Winterspiele) und Berlin (Sommerspiele). Während es in verschiedenen Staaten gesellschaftliche Boykottbewegungen gab, die von deutschen Antifaschisten im Exil und ihren politischen Unterstützern getragen wurden, versuchten Nazigegner im Deutschen Reich die Möglichkeiten der internationalen Öffentlichkeit für die eigene antifaschistische Aufklärung zu nutzen. Mit Flugblättern, die sich an die Besucher richteten, versuchten sie die internationale Öffentlichkeit über die Wirklichkeit im faschistischen Deutschland – im Gegensatz zur propagandistischen Selbstdarstellung – zu informieren. Zwei

16 www.geschichte-pirna.de/Chronik%20des%20Widerstands.pdf

Flugblätter unter den Überschriften »Deutsche Sportler auf Lebenszeit im Zuchthaus« und »Der Weltrekord des Terrors« entlarvten die Gewalttaten des NS-Verfolgungsapparats gegen die deutschen Antifaschisten. Ein weiteres bekanntes Material war eine »Übersichtskarte über die Konzentrationslager, Zuchthäuser und Gefängnisse in Deutschland«, die insbesondere an ausländische Gäste und Sportler, die an den Spielen teilnahmen, geschickt wurde. Allein die schiere Zahl der Haftstätten des faschistischen Lagersystems, die auf der zeitungsformatgroßen Karte verzeichnet waren, war für jeden Betrachter selbsterklärend. Es bedurfte dazu keiner mehrsprachigen Erläuterung.

Die republikanischen Kräfte in Spanien bereiteten als Boykottaktion eine »Olimpiada Popular« in Barcelona vor. Geplant waren Wettkämpfe in 17 Sportarten sowie kulturelle Veranstaltungen. Sportlerinnen und Sportler aus mehr als 20 Staaten wurden erwartet. Zumeist kamen sie aus der Arbeitersportbewegung, selbst aus den in Deutschland verbotenen Arbeitersportvereinen waren Akteure angemeldet. Unmittelbar vor Beginn der Gegenolympiade begann der Putsch der Franco-Einheiten gegen die Spanische Republik. Die Volksolympiade, geplant als Fest des Friedens und der Völkerverbrüderung, fiel daraufhin aus.

Im Sinne der auf der Brüsseler Konferenz der KPD formulierten Volksfrontstrategie wurden nicht nur – wie am Beispiel von Pirna/Sebnitz zu sehen – die Einheitsfront unter den Arbeiterparteien angestrebt, sondern auch Verbindung zu anderen gesellschaftlichen Gruppen geknüpft, die erkennbar Konflikte mit dem NS-Regime hatten. In diesen Jahren eskalierten die politischen Auseinandersetzungen mit kirchlichen Kreisen, da Teile der evangelischen Kirche, aber auch im Katholizismus nicht bereit waren, die zunehmenden Eingriffe in innerkirchliche Angelegenheiten widerspruchslos hinzunehmen. Dass sich daraus Kooperationen ergaben, die in früheren

Zeiten eher selten anzutreffen waren, zeigt ein Beispiel aus dem Rheinland, wo es zu einer Zusammenarbeit zwischen kommunistischen Jugendstrukturen und katholischen Jugendgruppen kam. Am 29. Januar 1936 wurde der Düsseldorfer Kaplan Joseph C. Rossaint, führendes Mitglied des Katholischen Jungmännerbundes, direkt nach Beendigung eines Gottesdienstes verhaftet. Was ihm vorgeworfen wurde, zeigen Schlagzeilen der NS-Presse: »Ein katholischer Kaplan verbreitet Gräuelmärchen über Deutschland und hetzt gegen die Wehrpflicht.« Eine andere lautete: »Kommunisten ›schulen‹ Jungkatholiken. Die Beziehungen kommunistischer Hetzer zu dem katholischen Kaplan. Sie trafen sich im Kölner Dom.« Vor dem Volksgerichtshof verteidigte Rossaint seine Beziehungen zu führenden Funktionären des Kommunistischen Jugendverbandes (KJVD), darunter Ewald Kaiser und Max Reimann. Offen erklärte er, er lehne das NS-Regime ab, weil es das Chaos bedeute und zum Krieg führe. Am 28. April 1937 wurde Rossaint vom Volksgerichtshof im Berliner Katholikenprozess »wegen Vorbereitung eines hochverräterischen Unternehmens unter erschwerenden Umständen« zu elf Jahren Zuchthaus verurteilt.

Auch die Auseinandersetzungen im Protestantismus (»Bekennende Kirche« und Pfarrernotbund) hatten durchaus Störpotenzial für das faschistische Regime. Jedoch waren die ideologischen Gräben gegenüber linken Kräften so groß, dass es nur in wenigen Regionen, in denen früher die religiösen Sozialisten einflussreich waren, Verbindungen zwischen Protestanten und Nazigegnern aus der Arbeiterbewegung gab. So setzten sich in Hessen-Nassau frühere Mitglieder der Arbeiterparteien für einen Pfarrer der Bekennenden Kirche ein, der von der NS-Kirchenregierung mit Redeverbot bzw. Ausweisung aus seiner Heimatgemeinde belegt war. Doch die meisten Protestanten verstanden ihre Kritik an der faschistischen Kirchenpolitik nicht politisch, geschweige denn als antifaschistischen Widerstand, selbst wenn sie, wie Pfarrer Paul Schneider oder Martin Niemöller, mit KZ-Haft drangsaliert wurden.

Die Friedensfrage erhielt Ende der 1930er Jahre eine zunehmende Bedeutung in der antifaschistischen Aufklärungsarbeit. Schon vor 1933 hatten Kommunisten und Sozialdemokraten in ihrer antifaschistischen Propaganda gewarnt: »Wer Hitler wählt, wählt den Krieg!« In der faschistischen Diktatur wurde Schritt für Schritt – und ab 1936 auch für jeden einzelnen in der Bevölkerung sichtbar – die Kriegspolitik vorangetrieben. Hieran konnte antifaschistische Arbeit ansetzen, waren doch die Schrecken des Ersten Weltkriegs in vielen Familien noch in bitterer Erinnerung.

Dass das faschistische Deutschland gewillt war, offensiv gegen den Versailler Vertrag zu verstoßen, hatte die Reichsregierung schon mit der Einführung der allgemeinen Wehrpflicht und der beginnenden Aufrüstung gezeigt. Am 7. März 1936 ging man einen Schritt weiter, indem mit der neuen Wehrmacht die Grenzen des entmilitarisierten Rheinlands überschritten und Truppenteile dauerhaft an der Außengrenze stationiert wurden.

Die französische Regierung reagierte »erstaunt«, dass Deutschland die Verträge von Locarno breche. Man kündigte eine »scharfe Gegenreaktion« an, die aber ausblieb, weil sich der französische Generalstab weigerte, praktische Schritte zur Mobilisierung der Armee zu ergreifen. Somit fuhr die Hitler-Regierung nach der Saarabstimmung vom Januar 1935 einen weiteren außenpolitischen Propagandaerfolg ein.

Um eine Zustimmung der deutschen Bevölkerung für diesen Kriegskurs zu dokumentieren, setzte das NS-Regime am 29. März 1936, also nach zweieinhalbjähriger Legislaturperiode, eine erneute »Reichstagswahl« an. Dabei gab es nur die Wahlliste der NSDAP, da alle anderen Parteien aufgelöst oder verboten waren. Gleichzeitig wurde eine »Volksabstimmung«

angesetzt, mit der die Zustimmung zur – laut Versailler Vertrag demilitarisierten – Besetzung des Rheinlands bestätigt werden sollte. Zum ersten Mal kam dabei das rassistische Reichsbürgergesetz vom 15. September 1935 zur Geltung. Alle als Juden oder als »jüdische Mischlinge« bezeichneten Menschen waren von der Teilnahme an der Wahl ausgeschlossen, da sie nicht mehr als »Staatsbürger« galten.

Offiziell wurde anschließend das Ergebnis mit 98,8 % Zustimmung angegeben. Die ablehnenden Stimmen, und das waren nach offiziellen Angaben annähernd 300.000, wurden als ungültig bezeichnet.

Ein Teil dieser Ablehnungen ist sicherlich darauf zurückzuführen, dass insbesondere die KPD mit Klebezettel und Flugblättern, die im ganzen Deutschen Reich von der Gestapo registriert wurden, gegen den Bruch des Locarno-Vertrages und für eine Ablehnung der Volksabstimmung eingetreten ist. Besondere Aufmerksamkeit der Verfolgungsbehörden löste es aus, wenn auf den Wahlzetteln Losungen wie »Nieder mit Hitler« oder »Nein zum Krieg« zu lesen waren. Natürlich wurden danach Untersuchungen der Gestapo eingeleitet.

Während die NS-Herrschaft das Ergebnis der Abstimmung vom März 1936 als Zustimmung zu ihrem außenpolitischen Kurs der Kriegsvorbereitung interpretierte, verstärkten die Antifaschisten aus den Arbeiterorganisationen ihre Anstrengungen, der Kriegsplanung in den Arm zu fallen. Im April und Mai 1936 erschienen zwei grundlegende Texte in illegalen Flugschriften, die sich genau mit diesem Thema beschäftigten.

Im April veröffentlichte das ZK der KPD von Prag aus einen dringenden Appell: »Wer immer du bist – Rüstungsarbeiter oder Arbeitsloser, Reichswehrsoldat oder Arbeitsdienstler, Bauer oder Landarbeiter, Beamter oder Intellektueller, Mann oder Frau, Hitlerjunge oder BDM-Mädel – es geht um Dich und unseres Volkes Zukunft!«

Das Pariser Volksfrontkomitee

Im Mai 1936 folgte aus Paris der Aufruf »Seid einig, einig gegen Hitler! Für Volksfront zur Rettung Deutschlands vor der Katastrophe des Krieges«. Das Bedeutende an diesem Appell war die Liste der Unterzeichner. Es waren 13 Sozialdemokraten, acht Kommunisten, drei Funktionäre der SAP, 11 Vertreter der Intelligenz und des Bürgertums, Vertreter des Schutzverbandes deutscher Schriftsteller, der Deutschen Liga für Menschenrechte, des Vereins sozialistischer Ärzte, der Freien deutschen Volkshochschule, des Kollektivs deutscher Künstler in Paris, der Freien Deutschen Jugend in Paris. Diese politische und gesellschaftliche Breite der Unterstützer entsprach dem angestrebten Konzept einer Volksfront gegen die Hitler-Regierung.

Mit Bezug auf die »Volksabstimmung« vom März 1936 hieß es in dem Aufruf:

> »Es ist unwahr, daß hinter Hitler 99 Prozent des deutschen Volkes stehen. Die Zahlen der Wahlen sind teils durch einen unerhörten Terror erpreßt, teils sind sie erreicht vermittels nachgewiesener beispielloser Fälschungen.
>
> Die große Masse des deutschen Volkes, besonders die Werktätigen Deutschlands, haben im Zusammenleben mit anderen Nationen nur ein Ziel: in einem freiheitlichen, von Naziterror erlösten Deutschland mit allen Völkern in Frieden zu leben und alle strittigen Fragen durch friedliche Verständigung zu lösen.«[17]

Dieses Flugblatt war das praktische Resultat der antifaschistischen Bündnisarbeit im Exil. Dort gab es Mitte der 1930er Jahre Bestrebungen, die Spaltung der antifaschistischen Kräfte zu überwinden. Im September 1935 brachte Willi Münzenberg erstmals im Pariser Hotel Lutetia kommunistische, sozial-

17 Sonderdruck der Roten Fahne, in: Margot Pikarski / Günter Uebel: Der antifaschistische Widerstandskampf der KPD im Spiegel des Flugblattes 1933-1945. Frankfurt a. M. 1978

demokratische und bürgerliche Hitlergegner zusammen. Dieser so genannte »Lutetia-Kreis« begann zuerst mit Erklärungen gegen den faschistischen Terror, bevor man sich in der Lage sah, weitere gemeinsame Schritte zu gehen.

Am 1. Februar 1936 trafen sich Vertreter der Arbeiterparteien KPD, SPD, SAPD und der SPD-Oppositionsgruppe Revolutionäre Sozialisten Deutschlands zu einem vertiefenden Meinungsaustausch. Einen Tag später hatten Heinrich Mann und der saarländische Sozialdemokrat Max Braun zur ersten größeren Volksfrontkonferenz mit über hundert Teilnehmern eingeladen. Die Zusammensetzung spiegelte die antifaschistische Volksfrontstrategie wider: Knapp ein Viertel waren Mitglieder KPD, unter ihnen neben Willi Münzenberg das Politbüromitglied Franz Dahlem, ein weiteres Viertel waren Sozialdemokraten und Sozialisten, unter ihnen Rudolf Breitscheid und Willy Brandt, auch wenn es keine offizielle SPD-Abordnung gab. Gut ein Drittel waren Anhänger bürgerlicher und katholischer Exilgruppen. Außerdem gehörten dazu neben Heinrich Mann weitere berühmte Exilschriftsteller wie Klaus Mann, Lion Feuchtwanger, Ernst Toller, Ludwig Marcuse, Emil Ludwig und Leopold Schwarzschild. Eine solche politische Gemeinsamkeit deutscher Antifaschisten hatte es bis dahin nicht gegeben.

Bezeichnend für die praktische Wirksamkeit dieses »Lutetia-Kreises« war es, dass man nicht in erster Linie über allgemeine Erklärungen debattierte, sondern mit der Bildung eines gemeinsamen Flüchtlingskomitees unter dem Vorsitz des ehemaligen preußischen Innenministers Albert Grzesinski (SPD) und von Hilfskomitees in Straßburg und Amsterdam begann. Da antifaschistische Aufklärungsarbeit eine der zentralen Aufgaben des Widerstandes war, gaben Heinrich Mann, Rudolf Breitscheid, Max Braun und Bruno Frei ab März 1936 einen regelmäßigen Nachrichtendienst unter dem Titel »Deutsche

Informationen über den faschistischen Terror und die Kriegsvorbereitungen des Hitlerregimes« heraus.

Während bürgerliche Vertreter auf die Ausarbeitung eines Regierungsprogramms für die Zeit nach Hitlers Sturz drängten, forderten die Kommunisten, Antworten auf die Gegenwartsfragen zu geben. Der Aufruf »Seid einig, einig gegen Hitler!« war ein konkretes Ergebnis dieser Bestrebungen, mit denen man in das Deutsche Reich hineinwirkte. Es ging um nichts Geringeres als die Sammlung der lokalen und regionalen Oppositionsgruppen.

Im »Lutetia-Kreis« begannen die verschiedenen Exilgruppen eine programmatische Debatte, wobei durchgängig erkennbar war, dass die ideologischen Kontroversen der Weimarer Republik zwischen den am Rätesystem orientierten Kräften und den Anhängern des Parlamentarismus selbst in dieser Situation nicht überwunden werden konnten. Ende 1936 entstand ein Kompromisspapier – der »Aufruf an das deutsche Volk«.

Man vermied konkrete Festlegungen und umriss nur kurz die Ziele der Volksfront. Unterzeichnet wurde der Aufruf von mehr als 70 antifaschistischen Persönlichkeiten, darunter Ernst Bloch, Willy Brandt, Rudolf Breitscheid, Franz Dahlem, Lion Feuchtwanger, Klaus Mann und Willi Münzenberg.

Die Erklärungen der »Deutschen Volksfront« wurden in Paris über ausländische Redaktionen verbreitet und in gedruckter Form über grenzüberschreitende Kuriernetze illegal nach Deutschland gebracht. Eine wichtige Rolle spielte auch der von der KPD betriebene *Deutsche Freiheitssender 29,8*, der von Spanien aus den Aufruf verbreitete. Da es dem »Lutetia-Kreis« und seinen Akteuren nicht gelang, den Fokus auf die Unterstützung des antifaschistischen Kampfes in Deutschland zu legen, sondern die ideologischen und programmatischen Konflikte immer wieder die Debatten überlagerten, endete die gemeinsame Arbeit des »Komitees zur Vorbereitung einer deutschen Volksfront« nach einer Tagung im April 1937.[18]

Was man in Paris zu dem Zeitpunkt noch nicht wahrnehmen konnte, war die Tatsache, dass die in den Aufrufen und Veröffentlichungen gezeigte parteiübergreifende Gemeinsamkeit der Antifaschisten in Deutschland tatsächlich »Nachahmer« gefunden hat. Nicht nur in der sächsischen Region, wie oben erwähnt, auch in Berlin entstand Ende 1936 eine Widerstandsgruppe um Hermann Brill unter dem Namen »Deutsche Volksfront«. Sie war SPD-orientiert. Wegen ihres Programm-Dokuments nannte man sie auch »Zehn-Punkte-Gruppe«. Zwar gab es eine Distanz zur KPD-Politik, aber die Auslandsbeauftragte der Kommunistischen Internationale, Elli Schmidt, soll an der Gründung beteiligt gewesen sein. Man wollte eine Plattform für alle Antifaschisten, also für liberale, demokratische, sozialistische und kommunistische Gruppen in Deutschland, bilden. Programmatisch wurden Forderungen nach einer sozialistischen Neugestaltung Deutschlands formuliert, die eng am »Prager Manifest« orientiert waren. Außerdem versuchte man Kontakt zu sozialistischen Gruppen im Exil aufzunehmen. Die politische Verfolgung verhinderte indes eine nennenswerte Wirkung der Gruppe in Deutschland. Trotz aller Geheimhaltung wurde sie von der Gestapo zerschlagen. Hermann Brill wurde wegen Hochverrats zu zwölf Jahren Zuchthaus verurteilt, von denen er vier Jahre im Zuchthaus Brandenburg-Görden verbüßte. 1943 wurde er in das KZ Buchenwald überstellt, wo er am 5. Juli 1944 erneut ein illegales »Volksfrontkomitee« gründete.

Als Problem für die Entfaltung der antifaschistischen

18 vgl. Ursula Langkau-Alex: Deutsche Volksfront 1932-1939: Zwischen Berlin, Paris, Prag und Moskau, Bd. 2: Geschichte des Ausschusses zur Vorbereitung einer deutschen Volksfront. Berlin 2004

Potentiale im politischen Exil zeigte sich die Haltung der Regierungen in England und Frankreich gegenüber dem NS-Regime. Auf der einen Seite hatte die französische Volksfrontregierung den Rechtsstatus der politischen Flüchtlinge deutlich verbessert. Nachdem sie eine offizielle Anerkennung besaßen, mussten sie nicht mehr regelmäßig zur Fremdenpolizei und bekamen eine Arbeitserlaubnis, so dass sie für ihren eigenen Lebensunterhalt sorgen konnten. Auch Großbritannien erlaubte die Aufnahme von bedrohten jüdischen Kindern, die über Hilfsorganisationen nach England einreisen konnten.

Auf der anderen Seite blieb die Haltung dieser Regierungen gegenüber den deutschen Expansionsplänen mehr als ambivalent. Nachdem die Regierungen dieser Länder Schritt für Schritt die deutschen Vorstöße zur Aushebelung der Bestimmungen des Versailler Vertrages hingenommen hatten, setzte die Hitler-Regierung im März 1938 mit dem Anschluss Österreichs und im September 1938 mit dem Münchener Diktat gegen die ČSR die ersten Expansionsziele durch, ohne auf Widerstand der Westmächte zu stoßen. Damit verstärkte sich in großen Teilen der deutschen Bevölkerung die Illusion, »dem Hitler gelingt alles – ohne Krieg«. Das Regime sah sich sogar so weit gefestigt, dass im April 1939 im Rahmen einer Hitler-Geburtstagsamnestie zahlreiche politische Gefangene aus den Konzentrationslagern entlassen wurden. Sie kamen zurück in eine Gesellschaft, in der antifaschistisches Handeln sehr kompliziert geworden war. Trotzdem nahmen viele von ihnen erneut am Widerstand teil.

Der Kampf zur Verteidigung der Spanischen Republik

Eine große Symbolkraft besaß der Kampf um die Verteidigung der Spanischen Republik 1936 bis 1939. Die problematische Haltung Englands und Frankreichs zeigte sich bei der Unterstützung der legitimen Volksfrontregierung in Spanien gegen den faschistischen Putsch von General Franco, der von Anfang an von den Regimen Italiens und Deutschlands militärisch und politisch getragen wurde.

Statt sich auf die Seite der Verteidiger der Republik zu stellen, wurde offiziell eine Neutralitätspolitik propagiert, was praktisch eine Blockade der Versorgungswege der Spanischen Republik bedeutete. Nur die Sowjetunion stellte sich neben Mexiko mit Militärhilfe und anderen Formen der Unterstützung auf die Seite der Republik.

Im Gegensatz zur fehlenden politischen und militärischen Unterstützung durch die westlichen Regierungen, entwickelte sich aus der Arbeiterbewegung heraus eine internationale Solidarität für die Spanische Republik, die zu der bis dahin breitesten antifaschistischen Bewegung wurde. Hierbei ging es nicht nur um politische Aufrufe und Erklärungen, sondern auch um eine militärische Unterstützung für die Volksfrontregierung. Im Oktober 1936 wurden die ersten Internationalen Brigaden aus ausländischen Freiwilligen aufgestellt, zum Schluss waren es etwa 40.000 Interbrigadisten, die aus über 20 Ländern nach Spanien gekommen waren. Die meisten stammten aus Frankreich, aber auch zahlreiche Antifaschisten aus Deutschland, Österreich und Italien und anderen Staaten, die zum Teil in ihren Ländern konkrete Erfahrungen mit dem faschistischen Terror gemacht hatten, nahmen an diesem Kampf teil, um – wie sie formulierten – in Spanien auch Hitler und Mussolini zu schlagen. Auch deutsche Juden wie Kurt J. Goldstein, die vor dem Antisemitismus des Naziregimes nach Palästina geflohen waren, fuhren nach Spanien, um der Republik zu helfen. Trotz der Niederlage und der Auflösung der Interbrigaden 1939 blieb dieser Symbolgehalt erhalten. Es zeigten sich hier für alle Welt sichtbar die politischen Konstellationen der antifaschistischen Bündnisarbeit: Die Gemeinsamkeit der Völker zur Verteidigung der spanischen Volksfrontregierung gegen die faschistischen Putschisten und Interventionisten sowie die britische und französische Appeasement-Politik.

Es gehört zu den herausragenden Leistungen des deutschen Arbeiterwiderstands, dass nicht nur aus dem Exil, sondern aus dem Deutschen Reich selber sich größere Gruppen von Nazigegnern illegal auf den Weg nach Spanien machten, um in den Reihen der Internationalen Brigaden gegen die faschistische Gefahr zu kämpfen. Sie verstanden ihr Handeln nicht nur als Beitrag zur internationalen antifaschistischen Solidarität für die bedrohte Spanische Republik, sondern als Beitrag gegen den deutschen Faschismus. »Wir kämpfen gegen Hitler am Ebro«, lautete eine Parole, die auf die aktive Unterstützung des deutschen und italienischen Faschismus für die Franco-Putschisten Bezug nahm. Es waren die Waffenlieferungen für Franco, die Blockade gegen die Republik und die Einsätze der deutschen »Legion Condor« und anderer militärischer Einheiten, die das nazi-deutsche Engagement kennzeichneten. Welche Wege nach Spanien führten, sei hier nur an zwei Beispielen gezeigt. Ernst Buschmann (Jg. 1914) wurde bereits als Jungkommunist verfolgt und floh im Februar 1935 nach Holland, später in die Sowjetunion. Dort studierte er an der Leninschule in Moskau. Im März 1937 ging er freiwillig nach Spanien, war Mitglied der Internationalen Brigaden und Stabschef des Bataillons »Hans Beimler«, ab 1938 Kommandeur des Bataillons »Edgar André«. Im Februar 1939 floh er vor den anrückenden spanischen Putschisten nach Frankreich und wurde im Lager St. Cyprien interniert. Aus der Internierung entlassen, schloss er sich der französischen Résistance an, bevor er 1945 nach Deutschland zurückkehren konnte.

Der Schriftsteller Ludwig Renn (Jg. 1889, geboren in Dresden als Arnold Friedrich Vieth von Golßenau) wurde als bekannter Kommunist im März 1933 nach dem Reichstagsbrand zusammen mit Carl von Ossietzky und Ernst Torgler verhaftet und der ausländischen Presse vorgeführt. Im Januar 1934 wurde Renn zu zweieinhalb Jahren Gefängnis verurteilt, die er im Zuchthaus Bautzen verbüßte. Nach seiner Entlassung zog er nach Überlingen am Bodensee, von wo aus er im Februar 1936 in die Schweiz flüchtete und um politisches Asyl ersuchte. Bereits Mitte August 1936 verließ Renn heimlich die Schweiz und ging nach Spanien, wo er sich den Internationalen Brigaden anschloss. Renn, der im Ersten Weltkrieg Offizier gewesen war, übernahm das Kommando des Bataillons »Ernst Thälmann« und ab Dezember 1936 als Stabschef – gemeinsam mit Kommandeur Hans Kahle – die Führung der XI. Brigade. 1939 gelangte Renn über England und die Vereinigten Staaten nach Mexiko ins Exil, wo er verantwortlich für die Bewegung »Freies Deutschland« wurde.

Ein bedeutsames Nebenprodukt für den antifaschistischen Widerstand im Deutschen Reich war die Einrichtung des *Deutschen Freiheitssenders 29,8*. Das war ein Hörfunksender der KPD, der vom 10. Januar 1937 bis zum 28. März 1939 von Madrid aus sendete und sich in deutscher Sprache an die Bevölkerung des Deutschen Reiches richtete. Der Name 29,8 bezog sich auf die Wellenlänge von 29,8 Meter, entsprechend der Kurzwellen-Sendefrequenz 10.067 kHz.

Geschaffen als propagandistische Möglichkeit der KPD bezeichnete sich der *Freiheitssender 29,8* nach der Volksfrontkonferenz am 11. April 1937 in Paris als »Großdeutscher Freiheitssender« – in ironischer Persiflage auf die faschistische Selbstdarstellung als »Großdeutsches Reich« – und stellte sich dem Pariser »Volksfrontkomitee« zur Verfügung. In den Sendungen kamen berühmte deutsche Persönlichkeiten, die ins Exil gezwungen worden waren, und ausländische Antifaschisten zu Wort, darunter Bertolt Brecht, Albert Einstein, Lion Feuchtwanger, Ernest Hemingway, der »rasende Reporter« Egon Erwin Kisch, Heinrich Mann und Thomas Mann.

Der *Deutsche Freiheitssender 29,8* verstand sich selber als antifaschistische Gegenöffentlichkeit, da im Deutschen Reich durch Goebbels' Propagandaministerium die Gleichschaltung der Informationspolitik total war. Der *Freiheitssender* informierte z. B. über die verbrecherischen Einsätze der »Legion Condor« und warnte eindringlich vor den Gefahren eines nahenden Krieges in Europa. Immer wieder wurde zum Widerstand aufgerufen und wurden Hinweise für mögliche Sabotageaktionen gegeben.

Als antifaschistische Stimme gewann der Sender eine hohe Bekanntheit. Seine Meldungen wurden als »Flüsterpropaganda« weitergegeben. Die Gestapo suchte lange nach dem Standort des Senders. Mal vermutete man ihn in Süddeutschland oder auch im Saargebiet. Man durchsuchte Häuser und selbst Rheinschiffe.

In dem geheimen Lagebericht des Sicherheitsdienstes der SS (»Meldungen aus dem Reich«) für das Jahr 1938 wird besonders vor einem Anwachsen der »Mundpropaganda« als antifaschistische Aufklärungsform gewarnt. In dem Bericht heißt es:

> »Um für die Mundpropaganda den notwendigen Stoff zu liefern, hat sich die KPD in zunehmendem Maße bemüht, den Rundfunk für ihre propagandistische Tätigkeit einzuspannen, Sie versucht dabei sowohl durch Ausnutzung illegaler Sender deutschfeindlicher Tendenz als auch durch die Verbreitung von Hetznachrichten seitens der illegalen Kurzwellensender Einfluss auf die öffentliche Meinung in Deutschland zu gewinnen. (…) Es konnten im Laufe des Berichtsjahres zahlreiche kommunistische Abhörgemeinschaften ermittelt werden, die meistens über sehr gute Empfangsgeräte verfügten.«[19]

---

19 Meldungen aus dem Reich 1938-1945, hg. v. Heinz Boberach, Reprint. Herrsching 1984, Bd. 2, S. 56

Die Niederlage der republikanischen spanischen Regierung gegen die Putschisten beendete auch die Arbeit des *Freiheitssenders* in Spanien. Anfang März 1939 stellte er seine Sendungen ein. Von Frankreich aus versuchte man kurzzeitig den Sender noch einmal zu reaktivieren. Jedoch fehlten die technischen Voraussetzungen eines leistungsstarken Senders, da die französische Regierung erst nach dem deutschen Überfall auf Polen interessiert war, die Möglichkeiten des *Freiheitssenders* für die eigene Propaganda zu nutzen. Von Mitte September 1939 bis Mitte Juni 1940 gab es allabendlich zwei 30-minütige Sendungen unter diesem Label. Sie erreichten aber nicht die Popularität des ursprünglichen *Freiheitssenders 29,8*.

Antifaschistischer Internationalismus

Die Formen der internationalen antifaschistischen Solidarität und ihre Akteure waren sehr vielfältig. Zuerst einmal nutzten politische Flüchtlinge Möglichkeiten für die politische Arbeit in den jeweiligen Aufnahmeländern. Mit Unterstützung der Bruder- bzw. Schwesterorganisationen, teils mit offener Billigung der Aufnahmeländer (z. B. der Tschechoslowakei), konnten die verfolgten politischen Parteien und Organisationen Exilleitungen aufbauen. Diese Hilfe war notwendig, da die Flüchtlinge in der Regel über keine oder nur geringe Geldmittel für die politische Arbeit verfügten. Und so waren der Aufbau einer Infrastruktur und deren materielle Absicherung eine Grundlage für die antifaschistische Arbeit ins Deutsche Reich hinein. Für die KPD war in dieser Hinsicht die Arbeit von Willi Münzenberg in Paris von großer Bedeutung.

Über ein System von Grenzbeauftragten und Kurieren konnten Exilzeitungen, antifaschistische Flugschriften und andere Materialien nach Deutschland hineingeschmuggelt und von Verfolgung bedrohte Antifaschisten über die Grenze geholt werden. Eine bedeutende Rolle in dieser Arbeit spielte die Internationale Transportarbeiter-Föderation (ITF). Ausgehend von der Zentrale in den Niederlanden sicherten Aktivisten der ITF auf Rheinschiffen, mit der Eisenbahn oder vereinzelt auch mit LKWs an den verschiedenen Grenzen solche illegalen Grenzüberquerungen. Eine der wichtigen Persönlichkeiten war Edo Fimmen. Er baute über die ITF einen illegalen Einheitsverband der Eisenbahner Deutschlands auf. Ein wichtiger Ansprechpartner in Deutschland war die illegale Eisenbahnergruppe um Hans Jahn. Neben der Fluchthilfe sorgte die ITF mit hektographierten Zeitungen wie *Deutschland unterm Hakenkreuz* oder *Fahrt frei* für Aufklärung im Ausland und Informationen unter den deutschen Kollegen. Der direkte Kontakt endete, als das ITF-Büro wegen der drohenden Kriegsgefahr im August 1939 von Amsterdam nach London übersiedelte.

Betrieblicher Widerstand im Deutschen Reich

Während im Exil die Infrastrukturen für die Unterstützung des Arbeiterwiderstandes geschaffen wurden und man über antifaschistische Strategien diskutierte, entwickelte sich im Deutschen Reich der Charakter des antifaschistischen Widerstands weiter und fand neue Ansatzpunkte. Wie schon erwähnt, führte die durch Aufrüstung und »Vier-Jahres-Plan« angeheizte Konjunktur dazu, dass auf der einen Seite der sozialpolitische Druck auf die Beschäftigten durch drohende Arbeitslosigkeit deutlich abnahm. Auf der anderen Seite entwickelte sich zwischen den Betrieben ein »Wettlauf« um die benötigten Facharbeiter. Rüstungsunternehmen und als »kriegswichtig« eingestufte Produktionsstätten versuchten mit Hinweis auf ihre Bedeutung entsprechende Facharbeiter von anderen Unternehmen abzuwerben. Nicht rüstungsrelevante Betriebe hatten nicht nur Schwierigkeiten mit staatlichen Aufträgen, sondern auch bei der Sicherung der notwendigen Beschäftigten.

Eigentlich ist eine solche Situation für die Werktätigen vorteilhaft, weil sie dann bessere Entlohnungs- und Arbeitsbedingungen gegenüber den Unternehmen durchsetzen könnten. Da den Verantwortlichen für die faschistische Kriegswirtschaft diese Probleme durchaus bewusst waren, wurde durch die »Treuhänder der Arbeit« festgelegt, dass Beschäftigte kein Recht auf Kündigung mehr haben. Auch sollte es untersagt werden, bessere Arbeitsbedingungen und höhere Entlohnungen eigenmächtig anzubieten.

In diesem Rahmen begannen Antifaschisten in den Betrieben auf zwei Wegen, den sozialpolitischen Widerstand zu entwickeln. Zum einen nutzten sie das ursprüngliche Instrument der NSBO und ihrer »Vertrauensleute«. Nachdem deren Befugnisse durch die Eingliederung in die Deutsche Arbeitsfront 1935 deutlich beschnitten wurden, versuchte man sie bei sozialpolitischen Forderungen gegen die »Treuhänder« in Stellung zu bringen. Manche waren über ihre Entmachtung so unzufrieden, dass sie sich für berechtigte Forderungen einsetzten.

Zum anderen nutzten Kommunisten die »Deutsche Arbeitsfront« selber im Rahmen der Taktik des »Trojanischen Pferdes«, indem man in den Strukturen Funktionen übernahm, um anschließend mit diesem Titel im Interesse der Beschäftigten auftreten zu können. Diese Strategie wurde – insbesondere in verschiedenen Großbetrieben, in denen das gewerkschaftliche Bewusstsein noch präsent war – mit Erfolg angewandt. Im Ergebnis kam es in zahlreichen Betrieben zu gewerkschaftlichen Kampfmaßnahmen, die zwar vorgeblich soziale Probleme betrafen, jedoch als politische Unruheherde von der Gestapo und dem DAF-Geheimdienst (»Amt Information«) aufmerksam registriert wurden.[20]

---

20 vgl. Gedenkbuch für die Opfer aus Wuppertal. Abschnitt: DAF-Geheimdienst Amt Information, www.gedenkbuch-wuppertal.de

Eine Antwort war der Lohnstreik in den Rüsselsheimer Opelwerken am 25. Juni 1936. Zwar waren an dieser Aktion zu Beginn der Frühschicht nur 262 Arbeiter aus der Abteilung 141/Karosseriebau beteiligten und sie dauerte nur eine kurze Zeit, aber die Reaktion der Unternehmensleitung mit zahllosen fristlosen Kündigungen und weiteren Repressalien machte deutlich, wie sehr man Arbeiterwiderstand in den Betrieben fürchtete. Der Anlass für die Aktion war eine von der Unternehmensleitung verfügte neue Akkordnorm, die den Arbeitern eine deutlich höhere Leistung abverlangte, um das bisherige Lohnniveau zu halten. Nach Anhalten des Fertigungsbandes zogen die Arbeiter vor die auf dem Werksgelände liegende Wohnung des Betriebsleiters, um ihre Forderungen zu überreichen. Die Betriebsleitung lehnte jegliche Verhandlungen ab. Stattdessen hetzte das Management in Absprache mit der DAF die Gestapo auf die Arbeiter. Alle Streikteilnehmer wurden sofort entlassen, neun von ihnen verhaftet, viele weitere noch am gleichen Tag verhört. Angesichts des Facharbeitermangels wurden die meisten Beteiligten später zwar wieder bei Opel eingestellt, aber der politische Druck war nun aufgebaut.

Da Anfang Juli 1936 in Darmstädter Betrieben Flugblätter der KPD auftauchten, die zur Solidarität mit den Opel-Arbeitern aufriefen, die doch wegen des geplanten Lohnabbaus in Ausstand getreten seien, ging die Gestapo davon aus, dass sich hinter der Arbeitsniederlegung im Karosseriewerk bei Opel kommunistische »Drahtzieher« verbergen mussten. Bereits 1935 war das Opelwerk in Rüsselsheim Schauplatz eines Arbeitskampfes, in den jedoch nur ein kleiner Teil der Belegschaft verwickelt war. 150 Arbeiter einer Schicht des Presswerkes hatten damals die Arbeit niedergelegt, weil die Direktion für mehrere Monate keine neue Akkordabrechnung ausgefertigt hatte. Die Arbeiter erzielten bei ihrer Kampfaktion einen Erfolg.

Größte Gefahr drohte dem Regime nach Ansicht der Nationalsozialisten, falls es dem politischen Gegner im Untergrund gelänge, Streiks zu instrumentalisieren, indem etwaige Missstände in den Betrieben genutzt würden, um die Belegschaften »aufzuhetzen« und für weiterreichende Ziele einzuspannen. Wahlloser Terror aber war geeignet, eine »gewisse Märtyrerstimmung« zu schaffen, die den »Solidaritätsgeist der übrigen Belegschaftsmitglieder« nur wecken würde, fasst Günter Morsch die Haltung des NS-Verfolgungsapparates zusammen.[21]

In einer statistischen Auswertung der Verfolgerakten kommt Morsch für die Jahre 1936 bis 1937 auf über 250 Streikaktionen, von denen allerdings die meisten in Betrieben mit bis zu 50 Beschäftigten stattfanden. Tatsächlich richtete sich die Auseinandersetzung überwiegend gegen schlechte Arbeitsbedingungen, Lohnabbau durch Erhöhung der Arbeitsnorm und andere sozialpolitische Rahmenbedingungen. Dennoch war es aus der Sicht des NS-Regimes, was mit dem ideologischen Konstrukt der »Volksgemeinschaft« auch die Arbeiterinnen und Arbeiter in ihre Kriegspolitik integrieren wollte, bedrohlich, wenn sich durch solche sozialpolitischen Konflikte Brüche in dieser »heilen Welt« zeigten. Zweitens sorgte man sich darum, dass – wie am Beispiel Opel erlebt – antifaschistische Kräfte diese Unzufriedenheit für ihre Widerstandspropaganda nutzen könnten.

Die Gestapo sah als Ursache dieser Arbeitskämpfe zum überwiegenden Teil das Problem der Entlohnung, aber man kam auch nicht umhin, »soziale Missstände« in den Betrieben einzugestehen. Dass man auch offen die Kategorie »Verhetzung«, was nichts anderes bedeutete als antifaschistische Agitation in den Betrieben, nannte, macht einmal mehr deutlich, dass die Grundhaltung der Arbeiterbewegung noch nicht restlos zerstört worden war.

---

21 www.ifz-muenchen.de/heftarchiv/1988_4_2_morsch.pdf

Und tatsächlich entwickelten sich viele dieser Kampfaktionen nicht »urwüchsig«, sondern waren oftmals von früheren Aktivisten der Freien Gewerkschaften oder der RGO angezettelt worden.

Die Reaktion war offensichtlich. Während von Unternehmensseite versucht wurde, mit kleineren Verbesserungen eine Beruhigung der Lage zu erreichen und damit die Fortführung der Kriegsproduktion zu gewährleisten, war die Gestapo und ihr Spitzelapparat in den verschiedenen Großbetrieben tätig, um die »Aufwiegler« ausfindig zu machen und wegen »Hochverrats« vor Gericht zu bringen.

Gerade in den Rüstungsbetrieben, in denen jeder Beschäftigte ohne große Vorkenntnisse erkennen konnte, dass seine Produktion der Kriegsvorbereitung diente, verbanden sich sozialpolitische Auseinandersetzungen oftmals mit den politischen Forderungen gegen jegliche Kriegspolitik. In der Kasseler Rüstungsschmiede Henschel, in der später der Tiger-Panzer gebaut wurde, verbreitete eine konspirative Gruppe des Internationalen Sozialistischen Kampfbundes (ISK) unter Leitung von Max Mayr auf den Toiletten und in anderen Bereichen des weitläufigen Werkes antifaschistische Aufkleber. Bei diesem Widerstand arbeitete man auch mit KPD-Mitgliedern, die eine illegale Betriebszelle gegründet hatten, zusammen. Anfang 1936 wurde Mayr verhaftet, von der Gestapo verhört und zu zweieinhalb Jahren Zuchthaus – zu verbüßen im Zuchthaus Kassel-Wehlheiden – verurteilt. Nach dem Ende seiner Haftzeit wurde er im Juli 1938 in das KZ Buchenwald überstellt, wo er die Häftlingsnummer 2964 erhielt und später als Häftlingsschreiber Teil des illegalen Lagerwiderstandes wurde.

In der Berichterstattung des faschistischen Verfolgungsapparates über den Widerstand gibt es zwei unterschiedliche Perspektiven. Zum einen bemühte sich die Gestapo durch »Erfolgsberichte« von Verhaftungen den »Wert ihrer Arbeit« in der innerfaschistischen Machthierarchie nachzuweisen, während der Sicherheitsdienst der SS vor allem die Frage der faktischen Bedrohung des NS-Regimes und seiner Kriegsfähigkeit in den Fokus rückte. Und so wurde in dem Jahresbericht 1938 ausführlich über einen möglichen »Militärapparat« der KPD und die Häufung von Schäden in der internationalen Schifffahrt, die ggf. auf »Sabotage« zurückzuführen sei, berichtet. Man verfolgte selbst die politischen Auseinandersetzungen im Exil mit Aufmerksamkeit und versuchte einzuschätzen, welche Auswirkungen diese auf das Handeln z. B. der KPD haben könnten. So heißt es resümierend:

> »Die KPD ging darauf aus, ein Sammelbecken für die unzufriedenen Kreise aus allen Lagern zu schaffen. (...) Die Tätigkeit von Kurieren und Instrukteuren der KPD machte sich besonders in den Grenzregionen bemerkbar, doch besteht eine Verbreitung dieses Netzes über das sonstige Reichsgebiet z. Zt. nicht.«[22]

Arbeiterwiderstand im Vorkrieg

Die Kriegsvorbereitung führte zu einer weiteren Formierung der gleichgeschalteten Gesellschaft. Der Druck auf nichtkonforme Teile der Bevölkerung und alle, die nicht dem Idealbild der »Volksgemeinschaft« entsprachen, nahm erheblich zu. Während auf der einen Seite ein »Belohnungssystem« unter dem Titel »Kraft durch Freude« – als Teilbereich der DAF-Aktivitäten – für eine Arbeits- und Anpassungsbereitschaft eingerichtet wurde, wurden auf der anderen Seite diejenigen, die aus der Sicht der faschistischen Kriegswirtschaft nicht funktionstüchtig waren, ausgegrenzt und mit Repressalien überzogen. Dazu wurde zunehmend das System der Konzentrationslager eingesetzt. Bekannt ist die Einlieferung von Menschen im Sommer 1938 bei der Aktion »Arbeitsscheue Reich«. Diese Aktion zielte

22 Meldungen aus dem Reich, a. a. O., Bd. 2, S. 55

nicht nur auf die Ausgrenzung von »Volksfeinden«, sondern war auch eine Botschaft an die Mehrheitsgesellschaft, sich in das System der »Volksgemeinschaft« einzugliedern, wenn man keine Probleme haben wolle. Solche Repressalien boten aber auch Ansatzpunkte für antifaschistische Agitation.

Im November 1938 organisierte das NS-Regime ein zentrales Pogrom gegen die im Reich verbliebene jüdische Bevölkerung, bei dem Synagogen in Brand gesetzt und jüdische Einrichtungen und Geschäfte demoliert wurden, etwa 30.000 jüdische Menschen in Konzentrationslager verschleppt und den jüdischen Menschen eine »Kollektivstrafe« von 1,25 Milliarden Goldmark auferlegt wurde. Damit wurde der Raub jüdischen Eigentums zu Ende gebracht. Gegen diese rassistischen Ausgrenzungen traten antifaschistische Kräfte für ein humanistisches Ideal ein. Tatsächlich war jedoch eine Erklärung der KPD die einzige politische Stimme, die im Deutschen Reich selbst gegen die Judenpogrome im November 1938 hörbar war. Schon Mitte November 1938 verbreitete die KPD die Erklärung »gegen die Schmach der Judenpogrome«. Darin hieß es:

> »Die Kommunistische Partei wendet sich an alle Kommunisten, Sozialisten, Demokraten, Katholiken und Protestanten, an alle anständigen Deutschen mit dem Appell: Helft unseren gequälten jüdischen Mitbürgern mit allen Mitteln! Isoliert mit einem Wall der eisigen Verachtung das Pogromistengesindel von unserem Volke! Klärt die Rückständigen und Irregeführten, besonders die mißbrauchten Jugendlichen, die durch die nationalsozialistischen Methoden zur Bestialität erzogen werden sollen, über den wahren Sinn der Judenhetze auf! Die deutsche Arbeiterbewegung steht an erster Stelle im Kampf gegen die Judenverfolgungen.«[23]

---

23 zit. nach »1938 – 9.-10. November – 2018, 80 Jahre Reichspogromnacht«, Sonderdruck der FIR

Die Gestapo registrierte die Verteilung der Flugblätter mit dieser Erklärung im Rheinland, im Ruhrgebiet, in Berlin und anderen Orten im Deutschen Reich.

Auch die SoPaDe erklärte in den *Deutschland-Berichten*:

> »Alle Berichte stimmen darin überein, dass die Ausschreitungen von der großen Mehrheit des deutschen Volkes scharf verurteilt werden. In den ersten Pogromtagen sind im ganzen Reich viele hundert Arier verhaftet worden, die ihren Unwillen laut geäußert haben.«[24]

Eine Bestätigung für diese Verhaftungen gibt es jedoch nicht.

Für den Arbeiterwiderstand war die strategische Neuorientierung in den Arbeiterparteien von Bedeutung. Für die Weiterentwicklung der – allerdings gescheiterten – schon in Paris begonnenen Einheits- und Volksfrontpolitik waren die Beschlüsse der Berner Konferenz des ZK der KPD vom 30. Januar bis 1. Februar 1939 wichtig. Angesichts der unmittelbaren Kriegsgefahr sowie unter Berücksichtigung der durch die Volksfront in Spanien und Frankreich gesammelten Erfahrungen wurden die weitere Strategie und Taktik debattiert. Die Berner Konferenz fand in Draveil (südlich von Paris) statt; Bern wurde aus konspirativen Gründen als Tagungsort angegeben.

Das zentrale Dokument dieser Konferenz war die Resolution »Der Weg zum Sturze Hitlers und der Kampf um die neue demokratische Republik«.

Ziel sollte die Sammlung aller Gegner des Hitlerfaschismus in einer antifaschistischen Volksfront sein. Dazu entwickelte die KPD das Programm für eine neue demokratische Republik, das die ökonomischen und politischen Grundlagen eines künftigen antifaschistisch-deutschen Staates skizzierte. Es ging davon aus, dass in der neuen demokratischen Republik der Fa-

---

24 Deutschland-Berichte der Sozialdemokratischen Partei Deutschlands (Sopade) 1934-1940, Reprint. Frankfurt a. M. 1980, Bd. 1939, S. 1204f

schismus völlig ausgerottet sein müsse und im Gegensatz zur Weimarer Republik nicht mehr die Großbourgeoisie, sondern die einige Arbeiterklasse im Bündnis mit anderen werktätigen Klassen und Schichten herrschen müsse. Detailliert wurden die Staatsgrundsätze der neuen demokratischen Republik in der Innen-, Wirtschafts-, Sozial-, Außen- und Militärpolitik sowie für andere Gebiete umrissen. Die neue demokratische Republik sei nicht identisch mit der proletarischen Herrschaft, sondern solle für die Arbeiterklasse und ihre Organisationen die Voraussetzungen bieten, die Mehrheit des Volkes für das sozialistische Ziel zu gewinnen.

Dieser Verzicht auf den unmittelbaren Kampf für das sozialistische Endziel hatte zwar für den antifaschistischen Widerstand selber nur bedingte Bedeutung, öffnete aber die Türen zur Zusammenarbeit mit allen nicht-faschistischen Kräften, auch denjenigen, die aus ideologischen Überzeugungen für eine sozialistische Perspektive nicht zu gewinnen waren.

Es dauerte einige Zeit, bis diese Resolution die im Deutschen Reich agierenden illegalen Gruppen erreichte. Die Vereinzelung der antifaschistischen Gruppen im faschistischen Deutschland führte dazu, wie Instrukteure den Abschnittsleitungen berichteten, dass durchaus ideologische Überzeugungsarbeit geleistet werden musste, um zu erklären, dass die KPD damit nicht das sozialistische Ziel aufgegebenen habe.

Der deutsch-sowjetische Nichtangriffsvertrag

Bevor diese neue Orientierung ihre politische Wirksamkeit in der neuen antifaschistischen Bündnisarbeit entfalten konnte, gab es eine weitere ideologische Herausforderung, die sich insbesondere im Arbeiterwiderstand auswirkte, die Debatte um den deutsch-sowjetischen Nichtangriffsvertrag. Waren schon im Jahre 1938 die Ansätze der Volksfrontpolitik im Exil durch zunehmende ideologische Auseinandersetzungen, die sich u. a.

im Austritt von Willi Münzenberg aus der KPD zeigten, ins Stocken geraten, schwanden etwaige noch vorhandene Gemeinsamkeiten durch den deutsch-sowjetischen Nichtangriffsvertrag in beschleunigtem Maße weiter.

In einem Dossier über »Die Einstellung zum Russenpakt«, wie ihn die SoPaDe in Paris in ihren *Deutschland-Berichten* Nr. 8 (August-September 1939) nannte, hieß es:

> »Jetzt erfährt auch die ablehnende Haltung der ehemaligen Sozialdemokraten bei all den früheren Einheitsfrontmanövern in den Augen der Kommunisten ihre Rechtfertigung. (…) Immerhin gibt es auch heute noch Leute, die die Politik Rußlands für richtig halten und die die Schuld an einer Fortsetzung des Krieges den Westmächten zuschieben möchten. Eine solche Haltung macht aber auf die deutsche Arbeiterschaft im allgemeinen keinen Eindruck mehr.«

Darin drückte sich nicht nur die Haltung der sozialdemokratischen Gewährsleute im Deutschen Reich aus, sondern im gleichen Maße die Haltung der Mehrheit des sozialdemokratischen Exils. Am 2. September 1939 untersagte der SPD-Emigrationsvorstand unter Verweis auf den Vertrag allen Unterorganisationen jegliche Zusammenarbeit mit der KPD. Und tatsächlich brachen »die meisten anderen sozialistischen Gruppierungen, die durchweg den Pakt verurteilten, alle noch bestehenden Beziehungen zu Vertretern der KPD ab und setzten ihre ganze Hoffnung auf Großbritannien und Frankreich.«[25]

Dass die politische Entscheidung der UdSSR für einen Nichtangriffsvertrag mit dem faschistischen Deutschland durch die blockierende Haltung eben dieser beiden Regierungen verursacht war, konnte man zum damaligen Zeitpunkt

---

25 Allan Merson: Kommunistischer Widerstand in Nazideutschland. Essen 2020, S. 211

natürlich nicht wissen. Aber der scheinbare »Kurswechsel« der Sowjetunion, die bis dato auch bei nichtkommunistischen Nazigegnern als Bollwerk des Antifaschismus galt, führte zu massiven ideologischen Konflikten und Irritationen. Wolfgang Abendroth, der wegen seiner Tätigkeit für die KPD-Opposition (KPO) im Zuchthaus Luckau inhaftiert war, berichtete von Auseinandersetzungen quer durch die politischen Fraktionen, die »mit viel Polemik von beiden Seiten ausgetragen« wurden. Er selber bezeichnete den

> »Pakt als den 4. August 1914 für die Kommunistische Internationale. Heute weiß ich, dass diese Bewertung nicht richtig war: Der Pakt hatte seine Mängel; aber dass die Sowjetunion einen solchen Pakt schließen musste, wenn sie nicht in einen isolierten Krieg mit Hitler hineingeraten wollte, ist inzwischen klar.« Und er berichtete: »Die Kontroversen sind jedoch bald, lange vor dem Angriff Hitlers auf die Sowjetunion, wieder abgeklungen.«[26]

Ähnliche Erfahrungen sind aus verschiedenen Haftstätten, aber insbesondere aus dem Exil überliefert. Dabei veränderte der Krieg auch die Möglichkeiten der deutschen Antifaschisten in den Exilländern. Wurde ihre Arbeit bis dahin zumeist toleriert, teilweise sogar offiziell unterstützt, waren sie nun »feindliche Ausländer«, die oftmals verhaftet und – wie Peter Gingold über Frankreich berichtet – in Lagern wie Gurs, Argelès, Le Vernet oder dem Frauenlager Riencros interniert wurden.

Allan Merson kommt in seiner Untersuchung zu dem Ergebnis:

> »Unter den deutschen Kommunisten gab es, wie der Gestapo von ihren Spitzeln damals berichtet wurde und wie es später Widerstandskämpfer in ihren Erinnerungen festgehalten haben, leidenschaftliche Debatten und Mutmaßungen über die inter-

26 Wolfgang Abendroth: Ein Leben in der Arbeiterbewegung. Frankfurt a. M. 1976, S. 181

> nationalen Ereignisse. Die einen, die den Pakt fälschlich als ein politisches Bündnis auffaßten, konnten sich nur vorstellen, daß Stalin die gemeinsame Sache verraten habe. Die anderen, die einsahen, daß die Sowjetunion damit den Spieß gegenüber den ›Münchenisten‹ umdrehte und Zeit zur Verstärkung ihrer eigenen Verteidigung gewann, meinten, daß die UdSSR schließlich als eine Macht daraus hervorgehen würde, die stark genug wäre, die Weltrevolution zu bewirken. Und noch andere, die Hitlers Siegeszug erschütterte, konnten nur auf ihren Glauben an den sozialistischen Staat vertrauen.«[27]

Detlev Peukert berichtet, dass die Abschnittsleitung West am Morgen des 25. August 1939 beschlossen hatte, sofort alle verfügbaren Instrukteure »ins Land« zu entsenden, um in die erwarteten Debatten Linie zu bringen. Sie seien auf eine völlig desorientierte Parteibasis getroffen.

> »Wenn sich die zeitgenössischen Quellen wie die Memoiren Beteiligter über die Tatsache dieses Schocks einig sind, so geben sie je nach Interessenlage ein unterschiedliches Bild über den Grad der Verwirrung, ihre Dauer und über die dabei zutage getretenen Auffassungen.«

Und er kommt zu der Einschätzung:

> »Bis zum Frühjahr 1940 setzte sich die Akzeptierung des Paktes auf der Basis der Affirmation stalinistischer ›Realpolitik‹ unter den kommunistischen Kadern weitgehend durch, und es tauchten verstärkt Spekulationen über einen größeren legalen Spielraum der Partei und eine Amnestie der kommunistischen Gefangenen auf. Diese Diskussionen fanden in einer Atmosphäre stärkster Isolierung statt, da die Verbindungen der Kommunisten ins Ausland bis auf wenige Ausnahmen unterbrochen waren.«[28]

27 Merson: Kommunistischer Widerstand, a. a. O., S. 208f

28 Detlev Peukert: Die KPD im Widerstand. Wuppertal 1980, S. 329

Kapitel IV

1939 bis 1945

Arbeiterwiderstand im Krieg

Was veränderte sich durch den Kriegseintritt?

Der Beginn des Krieges mit dem deutschen Überfall auf Polen am 1. September 1939 veränderte die Rahmenbedingungen für den Arbeiterwiderstand einschneidend. Wie im letzten Kapitel beschrieben, sorgte bereits der deutsch-sowjetische Nichtangriffsvertrag vom 23. August 1939 für erhebliche ideologische Irritationen unter den Antifaschisten der Arbeiterbewegung, die in ihrer Mehrheit – trotz aller Kritik an Aspekten der gesellschaftlichen Wirklichkeit – ein grundsätzlich positives Verhältnis zur Sowjetunion hatten, dem Land, das zum ersten Mal einen sozialistischen Versuch gestartet hatte.

Aber nicht nur die Bedingungen des antifaschistischen Kampfs veränderten sich, sondern auch dessen grundlegende Perspektive. Ging es bis dahin wesentlich darum, einen Krieg zu verhindern, so mussten sich die deutschen Antifaschisten nun in der politischen Konsequenz für eine militärische Niederlage des Deutschen Reichs einsetzen. Sie waren also in den Augen des NS-Regimes und auch von großen Teilen der Bevölkerung »Vaterlandsverräter«, während die Antifaschisten in den überfallenen Ländern für den militärischen Sieg der eigenen Truppen und damit für die Befreiung ihres eigenen Territoriums von den deutschen Okkupationstruppen kämpften und damit als »Patrioten« galten. Natürlich versuchten die deutschen Hitlergegner deutlich zu machen, warum die militärische Niederlage die Voraussetzung für den Sturz der NS-Herrschaft darstellte. Dennoch blieb der Widerspruch erhalten, dass deutscher Antifaschismus »antipatriotisch«, der in den besetzten Ländern dagegen »patriotisch« war.

Aus diesem inneren Konflikt entstanden insbesondere in der Kriegszeit eine Vielzahl von Texten, Stellungnahmen oder Flugzetteln, in denen deutsche Widerstandskämpfer begründeten, dass sie die eigentlichen Patrioten seien und der Widerstand das »andere Deutschland« repräsentiere und dass sie sich diesen Anspruch vom NS-Regime nicht streitig machen ließen. Es handelte sich dabei also nicht um eine »nationalistische Wendung«, wie es sich aus heutiger Perspektive vielleicht missverstehen ließe, sondern um eine notwendige Reaktion auf die veränderten ideologischen Bedingungen durch den Krieg.

Und tatsächlich beeinflusste der Krieg die Haltung vieler Menschen in Deutschland, auch jener, die sich zuvor in ideologischer Distanz zum NS-Regime befanden. Insbesondere aus bürgerlichen und kleinbürgerlichen Kreisen liegen zahlreiche Zeugnisse vor, dass man glaubte, nun die Differenzen hintanstellen zu müssen und sich »in Kriegszeiten« zum Staat zu bekennen. So beteten und predigten evangelische Pfarrer, die noch 1937/38 im Widerspruch zur faschistischen Kirchenpolitik standen und dafür staatliche Repressalien aushalten mussten, im September 1939 um »Gottes Segen für den deutschen Waffengang«.

Ein zweiter Aspekt verschlechterte die Bedingungen für antifaschistisches Handeln im Deutschen Reich. Der Verlauf des Krieges und die militärischen Erfolge führten in weiten Teilen der Bevölkerung bis hinein ins proletarische Milieu zu einer »Blitzkriegseuphorie«, die Zugänge für antifaschistische Positionen verschloss. Warum sollte jemand für eine Niederlage der deutschen Wehrmacht eintreten, wenn doch die deutschen Soldaten erfolgreich am Nordkap, am Atlantik und an der Grenze zur Sowjetunion standen? Verbunden mit den wiederholten Siegesmeldungen und der verbesserten Versorgung der Bevölkerung durch Güter, die aus den okkupierten Ländern geraubt wurden, entstand ein sozialpolitisches Gemisch aus Korrumpierung und Propaganda, das in den ersten Monaten des Krieges eine hohe Akzeptanz faschistischer Politik bewirkte. Dies bezog sich auch auf Maßnahmen des faschistischen Staates zur rassistischen Verfolgung und Vernichtung von stigmatisierten Menschengruppen. Erst als die Vernichtungspolitik der »Euthanasie« auch Familien und Einrichtungen erreichte, die als »Deutsche« galten, rührte sich Widerspruch, wie in der berühmten Predigt des Münsteraner Bischofs Clemens August Graf von Galen vom August 1941, der bis dahin nur vereinzelt durch deutlich NS-kritische Positionen hervorgetreten war.

Fehlende Auslandskontakte und »Rundfunkverbrechen«

Viele Antifaschisten im Deutschen Reich waren tatsächlich gesellschaftlich isoliert. Das wurde nun dadurch verschärft, dass die politischen und organisatorischen Kontakte ins Ausland durch den Krieg weitgehend unterbrochen waren. Es gab nur noch wenig Hilfestellung oder Anleitung durch die Strukturen der Exilorganisationen oder befreundete ausländische Gruppierungen.

Aus der Schwierigkeit, von den Nachbarländern her die Kontakte ins Deutsche Reich zu betreuen, zog die KPD die Konsequenz, die jeweiligen Landessekretariate der KPD aufzulösen und die Genossen als Instrukteure im Auftrag des Zentralkomitees in Deutschland einzusetzen, wo sie Kontakt zu bestehenden Netzwerken aufnehmen sollten. So wurde von Amsterdam aus versucht, Kontakt zu den Widerstandsgruppen im Rheinland und Ruhrgebiet herzustellen. Damit wollte man im Land selber regionale illegale Organisationsstrukturen und eine operative Leitung der KPD schaffen.

Als erster Instrukteur reiste im Auftrag der Abschnittleitung West in Amsterdam Willi Seng im August 1940 ins Rhein-Ruhr-Gebiet. Im Juli 1941 fuhr Alfons Kaps aus Wuppertal als Instrukteur ins Rheinland. Im Laufe des Jahres 1942 trafen weitere Instrukteure von Amsterdam im Westen des Deutschen Reichs ein. Eine wichtige Rolle spielte Wilhelm Knöchel, der Anfang 1942 aus Amsterdam einreiste, nachdem ihm ein Mitropa-Kellner eine »Stelle« als Silberputzer in seinem Speisewagen besorgt hatte. Im Laufe des Jahres 1942 konnten die Instrukteure der Exilleitung der KPD in Moskau mitteilen, dass sie Verbindungen nach Berlin, Düsseldorf, ins Ruhrgebiet, ins Bergische Land und andere Gebiete aufgebaut hätten. In Wuppertal wurde die Widerstandsgruppe von Walter Böhne geleitet. Im Raum Solingen/Remscheid sammelte Hugo Paul, der spätere Essener Oberbürgermeister, eine Gruppe von Kommunisten um sich, die bei ausgedehnten Wanderungen nicht nur einer nicht kontrollierten Freizeitbeschäftigung nachgingen, sondern dabei auch relativ unverdächtig politische Informationen austauschten.

Diejenigen Antifaschisten, die nicht über Gruppenzusammenhänge oder Kontakte zu Instrukteuren verfügten, waren auf Informationsbeschaffung über ausländische Rundfunkanstalten (*BBC*, *Radio Moskau* etc.) mit deutschsprachigen Programmen angewiesen. Nachdem man bereits vor dem Krieg mit dem *Freiheitssender 29,8* gute Erfahrungen gesammelt hat, wurde diese Aufklärungsarbeit mit Beginn des Krieges intensiviert. Für die deutschsprachigen Angebote arbeiteten zum Teil prominente deutsche Antifaschisten. Berühmt geworden sind die monatlichen Sendungen von Thomas Mann »Deutsche Hörer!«, die ab Oktober 1940 durch die *BBC* ausgestrahlt wurden.

Aus der Sicht des faschistischen Regimes galt daher das Hören solcher Rundfunksender als »Rundfunkverbrechen« bzw. »Landesverrat«. Unmittelbar nach Kriegsbeginn trat am 7. September 1939 eine Verordnung über außerordentliche Rundfunkmaßnahmen in Kraft, die das Hören ausländischer Sender, der so genannten »Feindsender«, verbot. Zuwiderhandlungen galten als Rundfunkverbrechen, die mit Zuchthausstrafen zu ahnden waren. Für die Weiterverbreitung abgehörter Nachrichten konnte sogar die Todesstrafe verhängt werden. Tatsächlich registrierte der Sicherheitsdienst der SS seit Beginn des Krieges mit großer Aufmerksamkeit zahlreiche Aktionen »wegen Vergehens gegen das Heimtückegesetz und sonstigen staatsfeindlichen Verhaltens, insbesondere wegen Verbreitung von Greuelnachrichten und Abhörens ausländischer Sender«. Schon Anfang Oktober 1939 wurde vermerkt, dass durch die Staatspolizei festgenommen wurden: »in Berlin 13 Personen, in Dortmund 12, in Graz 9, in Kiel 5, in Düsseldorf, Karlsruhe, Magdeburg, Stuttgart und Wien je 4, in Köln und Schwerin je 3 Personen«.[29]

Ähnliche Auflistungen finden sich in dieser Zeit mehrfach in den »Berichten zur innenpolitischen Lage« im Kapitel »Gegner«. So hieß es bereits im Bericht vom 13. August 1939:

> »Wegen Vergehens gegen das Heimtückegesetz und sonstigen staatsfeindlichen Verhaltens mußten in den letzten Tagen 245 Personen festgenommen werden. Die marxistischen Organisationen sind nach wie vor tätig.«[30]

Für viele Antifaschisten waren solche Informationen die einzige Möglichkeit der Selbstvergewisserung. Besonders aus dem sozialdemokratischen Milieu liegen Berichte vor, wie Gruppen durch das Abhören von Auslandssendern und den gemeinsa-

29 Meldungen, a. a. O., Bd. 2, S. 332

30 ebd., S. 348

men Austausch über diese Informationen ihren Zusammenhalt pflegten. Von Bedeutung war in Berlin der Kreis um Friedrich Ebert jun., Max Fechner, Otto Grotewohl und Franz Künstler, die sich auf der Grundlage des Gehörten über die Tagesereignisse und die Zukunft austauschten. Aus Nürnberg wurde berichtet, dass Sozialdemokraten bis zu ihrer Festnahme im Juni 1940 unter ihren Arbeitskollegen Nachrichten von »Feindsendern« verbreiteten. Solche Verbindungen konnten schon einmal 100 Personen umfassen wie in Dortmund.

Die Rolle des Exils

Während des Krieges kam der Unterstützung aus den neutralen und den nicht besetzten Staaten eine immer größere Bedeutung zu. In Schweden und Großbritannien bestanden seit Mitte der 1930er Jahre Hilfsorganisationen deutscher Gewerkschafter, die deutschen Flüchtlingen zunächst einmal Hilfestellung bei der Sicherung des nötigsten Lebensbedarfs leisteten. Sie unterstützten zudem den Widerstand in Deutschland, sammelten und verbreiteten Informationen. Sie versuchten damit die Deutschlandpolitik der Alliierten zu beeinflussen. Sie kooperierten mit den Gewerkschaften des Exillandes, organisierten Öffentlichkeitsarbeit und unterstützten die alliierten Informationsdienste. Der letzte Aspekt resultierte aus der Überzeugung, dass das NS-Regime nur noch militärisch und von außen zerschlagen werden könne. Gleichzeitig arbeiteten diese Gruppen im Exil auch an Plänen und Programmen für den Neubeginn. So planten Gewerkschafter den Neuaufbau der Organisation und die Gestaltung des Arbeitsmarktes und der gesellschaftlichen Ordnung in der »Nach-Hitler-Zeit«.

London wurde während des Krieges zum wichtigsten Zentrum sozialdemokratischer bzw. sozialistischer Widerstandsgruppen. Nachdem sie Anfang 1939 die ČSR verlassen mussten, residierten hier der Exil-Vorstand der SPD (SoPaDe) und wichtige Vertreter der österreichischen und sudetendeutschen Sozialdemokaten, außerdem befanden sich hier die Exilleitungen von Neu Beginnen, des Internationales Sozialistischen Kampfbunds (ISK) und der Sozialistischen Arbeiterpartei (SAP). Vertreter der ehemaligen Freien Gewerkschaften besaßen in London eine Landesgruppe, geleitet von Hans Gottfurcht, dem 1933 von seiner eigenen Organisation wegen seiner jüdischen Herkunft gekündigt worden war.

Am 19. März 1941 schlossen sich die in London ansässigen sozialdemokratischen bzw. sozialistischen Exilgruppen zusammen mit der gewerkschaftlichen Landesvertretung zur »Union deutscher sozialistischer Organisationen in Großbritannien« zusammen. Da die Kommunisten darin einen richtigen Schritt in Richtung Arbeitereinheit sahen, führten sie im Sommer 1941 hochrangige Gespräche mit den Vertretern der Union. Das Ergebnis war eher ernüchternd. Während im Deutschen Reich die politischen Widersprüche durch die gemeinsame Verfolgungserfahrung vermindert wurden, verhinderten die alten ideologischen Gräben im Exil eine weitergehende Vereinbarung.

Einflussreiche Sozialdemokraten und Gewerkschafter, darunter als einzige bekannte Frau die Vertreterin des ISK, Minna Specht, debattierten in London Pläne zur Reorganisation des gesellschaftlichen Lebens nach dem Ende der NS-Herrschaft. Ihre Papiere beschäftigten sich mit der Kulturpolitik, der Wirtschaftsordnung oder der Verfassung. Selbst Ideen zur Neuordnung der internationalen Beziehungen, die insgesamt auf Völkerverständigung und dem Gedanken eines einheitlichen Europas basierten, wurden formuliert.

Es war eher die Ausnahme, dass der frühere ADGB-Funktionär Fritz Tarnow glaubte, beim Wiederaufbau von Gewerkschaften auf Organisationsstrukturen und -prinzipien der DAF aufbauen zu können. Die Mehrheit folgte dem Papier »Die neue deutsche Gewerkschaftsbewegung«, das von führenden Vertretern der früheren Freien Gewerkschaften erarbeitet und die Bildung von partei- und richtungsübergreifenden Industriegewerkschaften vorsah. Sie sollten auf den Prinzipien freiwilliger Mitgliedschaft und Unabhängigkeit basieren, um die Spaltung der Gewerkschaften, wie in der Weimarer Republik, zu überwinden. Auch in der Schweiz und in Frankreich diskutierten Emigranten Konzepte für den Wiederaufbau der Gewerkschaften, die sich an den Londoner Vorstellungen orientierten.

Bestandteil der Neuorientierung des Arbeiterwiderstands im Exil war auch eine Weiterentwicklung des bündnispolitischen Konzepts. Ausgehend von dem Ziel der militärischen Niederlage des NS-Regimes ging es darum, ein neues Verhältnis im Umgang mit Teilen des Militärs zu entwickeln. In diesem Zusammenhang ist der Aufbau eines »Nationalkomitees Freies Deutschland« (NKFD) zu verstehen. Im Juli 1943 in Krasnogorsk bei Moskau gegründet, vereinte es zuerst in seinen Reihen deutsche Kriegsgefangene, die sich für eine sofortige Beendigung des Krieges einsetzten, und politische Gegner des NS-Regimes, die im sowjetischen Exil für dessen Sturz kämpften. Gemeinsam formulierten sie ein »Manifest an die Wehrmacht und das deutsche Volk«, das als gemeinsame Grundlage der Zusammenarbeit formulierte: Zerschlagung des NS-Regimes, sofortiger Friedensschluss, ein »freies unabhängiges Deutschland«.

Die Tätigkeit des NKFD war in zwei Richtungen angelegt: Zum einen galt es, antifaschistische Aufklärung in den Kriegsgefangenenlagern zu betrieben, um die von antibolschewistischer Propaganda vernebelten deutschen Armeeangehörigen, viele von ihnen aus dem Arbeitermilieu, zu gewinnen. Zum anderen wurde durch deutsche Frontbeauftragte versucht, die deutschen Soldaten auf der anderen Seite der Front anzusprechen und davon zu überzeugen, dass nur die militärische Niederlage der Wehrmacht die Rettung der Heimat bedeute. Im Idealfall gelang es dabei, sie zum Aufgeben oder zum Überlaufen zu bewegen. Nationales Denken, das jedoch meist konservativ geprägt war, bildete die Grundlage des Zugangs zu antifaschistischem Handeln im Rahmen des »Bundes deutscher Offiziere« (BDO), der als Teil des NKFD ebenfalls in den Kriegsgefangenenlagern in der Sowjetunion entstand und höhere Militärs organisierte. Es war tatsächlich der Versuch, diesen Kräften einen Übergang auf die Seite der Antifaschisten zu ermöglichen, indem sie sich von den faschistischen Vorstellungen lösten und für ein sofortiges Ende des Krieges einsetzten.

Dieses Konzept des Nationalkomitees, das nicht nur die Kräfte der Arbeiterbewegung, sondern alle Nazigegner einschließen sollte, hatte Ausstrahlung in andere okkupierte Länder und in das amerikanische Exil. Dort verstanden die deutschen Antifaschisten dieses Konzept als Aufforderung, sich den nationalen Widerstandsgruppen anzuschließen und mit ihnen gemeinsam für ein »freies Deutschland« zu kämpfen bzw. sich in antifaschistischer Perspektive mit allen Emigrierten zusammenzutun.

So kämpften deutsche Antifaschisten während des Krieges in den Reihen der nationalen Widerstandsbewegungen der besetzten Länder, bei den Partisanen in Jugoslawien, Griechenland, Italien und Frankreich. Besonders hervorzuheben sind in diesem Zusammenhang die Aktivitäten des CALPO (Comitée Allemagne libre pour l'Ouest), das die Arbeit deutscher Antifaschisten im Rahmen der französischen Résistance organisierte. Selbst in der britischen und US-amerikanischen Armee waren deutsche Nazigegner aktiv. Dieser Widerstand verstand sich als Teil der militärischen Aktivitäten der Anti-Hitler-Koalition und hatte unmittelbaren Anteil an der Befreiung Deutschlands von Faschismus und Krieg. Selbst auf dem amerikanischen Kontinent, in Mexiko, gab es – unter der Leitung des Spanienkämpfers Ludwig Renn – die Bewegung »Freies Deutschland«.

Als wohl bekannteste Antifaschistin in deren Reihen gilt die Schriftstellerin Anna Seghers.

Das Vorbild des NKFD strahlte zum Kriegsende auch ins Deutsche Reich aus. So entstanden regionale Widerstandsgruppen, die sich dezidiert auf die Programmatik des NKFD bezogen, wie die Schumann-Gruppe in Sachsen.

Reorganisation des Arbeiterwiderstands im Deutschen Reich

Die sicherlich größte Herausforderung in dieser Zeit war die Reorganisation des Arbeiterwiderstands im Deutschen Reich selber. Angesichts der politischen und gesellschaftlichen Rahmenbedingungen konnte es kein Massenwiderstand sein. Aber wenn man die verschiedenen regionalen Widerstandsgruppen betrachtet und auf der anderen Seite die Zahl der Prozesse vor dem Volksgerichtshof gegen Arbeiter sowie die Deportationen in die Lager und Haftstätten, dann wird erkennbar, welche Bedeutung und Dimension der Arbeiterwiderstand selbst in Zeiten des Krieges gehabt hat.

Die ersten Signale aus dem Arbeiterwiderstand gegen den Krieg waren zwei Flugblätter. Das erste unter dem Titel: »Deutsches Volk! Der Krieg ist da – von Hitler herbeigeführt!« wurde von einem »Aktionsausschuss deutscher Sozialdemokraten und Kommunisten« herausgegeben, das zweite »Ich rufe die Jugend der Welt« vom KJVD, genauer der Widerstandsgruppe um Heinz Kapelle. Schon hier wurde zum aktiven Handeln gegen den Krieg aufgerufen. »Weigert euch, Munition herzustellen. Je schneller Ihr handelt, desto kürzer ist der Krieg!«[31]

Die Unerfahrenheit der Kapelle-Gruppe führte dazu, dass schon Ende 1939 alle Beteiligten von der Gestapo verhaftet und zumeist zu langjährigen Haftstrafen verurteilt wurden. Heinz Kapelle wurde am 1. Juli 1941 in Plötzensee hingerichtet.

31 zit. nach Pikarski/Uebel, Flugblatt, a. a. O.

Neben solchen spektakulären Aktionen bemühten sich die Kommunisten, erneut Parteigruppen in den Regionen und in Betrieben sowie Abschnittsleitungen im Untergrund aufzubauen. Trotz Verhaftungen und vieler Rückschläge gelang es, die durch das NS-Regime gerissenen Lücken zu schließen, so dass die KPD bis zum Ende des Krieges ein oftmals mehrere Regionen umfassendes Netz von Widerstandsgruppen besaß.

Erwähnenswert ist auch in dieser Phase, dass der Arbeiterwiderstand in Deutschland eine Sache von Männern und Frauen war. War schon in der Zeit bis zum Krieg erkennbar, dass der Anteil der in politischen Strafverfahren wegen »Hochverrats« vor Gericht Angeklagten Frauen mindestens den früheren Mitgliederzahlen in den jeweiligen Organisationen entsprach, so stieg in den Kriegsjahren (bedingt durch die Verhaftung von Männern und die Mobilisierung als Soldat während des Krieges) die Zahl und Bedeutung von Frauen für den organisierten Widerstand. Auch wenn sie nur selten in der »ersten Reihe« zu finden waren, übernahmen Antifaschistinnen vielfältige Aufgaben beim Aufbau der Widerstandsgruppen, für die Netzwerkarbeit und bei verschiedenen Widerstandsformen.

Im Rahmen dieser Veröffentlichung können nur einige besonders bekannte Widerstandsgruppen der KPD aus unterschiedlichen Regionen des Deutschen Reiches in aller Kürze dargestellt werden.

Wie schon erwähnt, kam Wilhelm Knöchel aus Amsterdam als Instrukteur ins Ruhrgebiet. Gemeinsam mit Willi Seng baute er eine KPD-Gruppe mit Schwerpunkt in verschiedenen Städten des Ruhrgebiets auf. Unterstützt von seiner Lebensgefährtin Cilly Hansmann, versuchte er Kontakt zu anderen KPD-Gruppen aufzunehmen, um eine reichsweit tätige illegale KPD-Leitung zu entwickeln. Die Kontakte reichten vom Rheinland und Ruhrgebiet bis nach Berlin. Ein wichtiger Teil des Widerstands war die Aufklärungsarbeit. Bekannt sind die Flugblätter der Gruppe. Knöchel produzierte eine Untergrundzeitschrift *Frieden Freiheit Fortschritt* (F-Aktion), verteilte weitere Flugblätter und illegale KPD-Zeitungen. Anfang 1943 wurde ein Mitglied der Gruppe von der Gestapo verhaftet, später Willi Seng. Am 30. Januar 1943 wurde auch Knöchel selber, der schwer an Tuberkulose erkrankt war, in Berlin verhaftet. Nach Verhör unter Folter wurde er am 12. Juni 1944 vom Volksgerichtshof in Berlin nach nur zehnminütiger Verhandlung zum Tode verurteilt und am 24. Juli im Zuchthaus Brandenburg-Görden hingerichtet.

Mit intensiven Kontakten ins sächsische Industriegebiet entstand ab 1941 von Leipzig aus eine KPD-Widerstandsgruppe, die von Georg Schumann, Otto Engert und Kurt Kresse organisiert wurde. Es war zahlenmäßig eine der größten Gruppen des kommunistischen Widerstands im Deutschen Reich. Die Gruppe orientierte sich in ihren programmatischen Aussagen am Nationalkomitee Freies Deutschland, dessen Manifest sie über *Radio Moskau* kennengelernt hatten. Diese Gruppe entwickelte sich und agierte relativ eigenständig. Sichtbar wurde das unter anderem daran, dass in Flugblättern und in anderen Erklärungen veröffentlichten Positionen, ähnlich wie bei der Knöchel-Seng-Gruppe im Ruhrgebiet, die sozialistische Zielperspektive viel klarer formuliert wurde, als es die Moskauer Exilführung der KPD zu dieser Zeit tat. Diese hatte mit Blick auf die Bündnispartner im NKFD und das Ziel des militärischen Sturzes des NS-Regimes, das nur mit Hilfe aller Alliierten zu erreichen war, die sozialistische Perspektive in öffentlichen Verlautbarungen zurückgestellt.

Es dauerte bis zum Sommer 1944, dass es der Gestapo gelang, die Schumann-Engert-Kresse-Gruppe aufzuspüren und deren wichtigste Vertreter zu verhaften. Trotz schwerer Folter gaben sie keine Namen von Mitgliedern der Gruppe preis und retteten so vermutlich vielen Widerstandskämpfern das Leben.

Im November 1944 verurteilte der Volksgerichtshof in Dresden alle drei zum Tod, am 11. Januar 1945 wurden sie im Hof des Dresdner Landgerichts hingerichtet.

Etwas kleiner und regional auf den Thüringer Raum fokussiert war die Gruppe um Theodor Neubauer und Magnus Poser. In den industriellen Schwerpunkten Jena und Gotha waren schon vor dem Krieg aus politischen Gegnern des NS-Regimes, nachdem sie aus der Haft entlassen waren, neue Gruppen entstanden. Ende 1941 kam es zu einer ersten Verbindung zwischen diesen Gruppen, bei der die gemeinsame Herstellung und Verbreitung antifaschistischer Flugschriften vereinbart wurde. In Jena gab es ein Vervielfältigungsgerät, das an unterschiedlichen Orten deponiert wurde. So konnten hunderte Flugblätter und Streuzettel hergestellt werden. Die Auflage dieser Papiere betrug oftmals über 1.000 Exemplare. In Einzelfällen richteten sich die Flugschriften sogar in französischer und russischer Sprache direkt an Zwangsarbeiter. Die Gestapo registrierte das Auftauchen dieser Materialien in Berlin, Leipzig, Chemnitz, Dortmund, Erfurt, Gotha, Zella-Mehlis und weiteren Orten. Sogar in das KZ Buchenwald gelangten Exemplare. Bei einer konspirativen Beratung im September 1943 formulierte man ein 8-Punkte-Programm zur Überwindung des NS-Regimes.

Die Kontaktaufnahme zu bürgerlichen Kräften wie zur Dichterin Ricarda Huch lief auf informellen Wegen, Gesprächsrunden, Schachpartien und anderen unverfänglichen Wegen. Das Resultat war u. a., dass ein Arzt Arbeitsunfähigkeitsbescheinigungen für Antifaschisten ausstellte oder Medikamente an Zwangsarbeiter gab.

Am 14. Juli 1944 wurde Magnus Poser auf seiner Arbeitsstelle verhaftet und – nach einem Fluchtversuch – in das KZ Buchenwald verbracht, wo er Stunden später starb.

Am gleichen Tag wurde Theodor Neubauer in Tabarz verhaftet. Im Januar 1945 verurteilte ihn der Volksgerichtshof zum Tode. Am 5. Februar 1945 wurde er in Brandenburg-Görden mit dem Fallbeil hingerichtet.

Im Industriegebiet Mannheim entwickelte sich während des Krieges ebenfalls eine Widerstandsgruppe mit intensiven Kontakten in die Großbetriebe. Schon vor Kriegsbeginn hatte Georg Lechleiter Kontakte zu ehemaligen Mitgliedern der KPD-Betriebszellen und ihrem Umfeld geknüpft. Als man mit Kriegsbeginn auf sich alleine gestellt war, bauten Georg Lechleiter, Jakob Faulhaber und Annette Langendorf, um nur drei Namen zu nennen, eine Widerstandsorganisation auf, in der Sozialdemokraten, Sozialisten, Kommunisten und parteilose Mitglieder zusammenwirkten. Die Schwerpunkte ihrer Arbeit waren die Herstellung und Verbreitung von Flugblättern und einer eigenen Zeitung *Der Vorbote*. Ab September 1941 sind vier Ausgaben der illegalen Zeitung nachweisbar. Wahrscheinlich vorbereitet durch einen Spitzel begann am 26. Februar 1942 eine Verhaftungswelle der Gestapo. Über 50 Personen wurden festgenommen, 32 von ihnen wurden vor Gericht gestellt. In zwei Prozessen wurden allein 19 Todesurteile gefällt, diese wurden im September 1942 bzw. im Februar 1943 in Stuttgart vollstreckt.

Mit einem regionalen Schwerpunkt in Norddeutschland agierte die Bästlein-Jacob-Abshagen-Gruppe, ebenfalls eine KPD-Widerstandsorganisation. 1940 entschlossen sich Robert Abshagen, Bernhard Bästlein, Franz Jacob und Gustav Bruhn, obwohl alle vier gerade erst aus dem KZ Sachsenhausen entlassen worden waren, aus den im Hamburger Raum noch bestehenden versprengten Kontakten der KPD und einer Vielzahl kleinerer Gruppen eine gemeinsame Widerstandsorganisation aufzubauen. Diese war in Hamburger Großbetrieben und im Hafen verankert und setzte sich ein für den Sturz des NS-Regimes und die Beendigung des Krieges. Durch die Reaktivierung alter politischer Kontakte schufen sie ein konspiratives Netzwerk in über dreißig Betrieben, hauptsächlich in den Hamburger Werften. Die verschiedenen Gruppen zählten insgesamt mehr als 300 Aktivisten. Hier ging es nicht allein um antifaschistische Aufklärungsarbeit, sondern um die Mobilisierung der Arbeiter zur Unterstützung ausländischer Zwangsarbeiter und sowjetischer Kriegsgefangener sowie die Sabotage der Rüstungsproduktion. Der Gruppe gehörten vor allem ehemalige KPD-Mitglieder, einige Sozialdemokraten und Parteilose sowie ausländische Zwangsarbeiter an. Flugblätter und Erklärungen wurden zumeist unter der Hand weitergegeben. Die politische Vision der Gruppe war ein sozialistisches Deutschland, das sich mit der Sowjetunion verbunden fühlt.

Zwar lag der organisatorische Schwerpunkt in Hamburg, man hatte aber Kontakt zu anderen Widerstandsgruppen, bis nach Berlin zur Schulze-Boysen/Harnack-Organisation oder nach Bremen, was über Leo Drabent und Hermann Böse lief.

Erst im Oktober 1942 wurden die Aktivitäten der Gruppe durch die Gestapo Hamburg entdeckt. Etwa 100 Antifaschisten wurden verhaftet. Franz Jacob konnte nach Berlin fliehen und knüpfte dort mit Anton Saefkow ein neues Netz illegaler Zellen. Als im Juli und August 1943 Hamburg von schweren Luftangriffen getroffen wurde, waren selbst die Haftanstalten betroffen. 50 inhaftierte Widerstandskämpfer der Gruppe erhielten daraufhin unerwartet Hafturlaub. Die meisten gingen in die Illegalität und versuchten, wieder die alten Kontakte neu zu knüpfen. Bernhard Bästlein nahm die Verbindung zu Franz Jacob in Berlin auf. Die Gestapo intensivierte die Suche nach den Untergetauchten, von denen bis Anfang 1944 viele erneut verhaftet wurden.

In den damaligen Hamburger Kommunistenprozessen ab Mai 1944 wurden zahllose Mitglieder der Bästlein-Jacob-Abshagen-Gruppe verurteilt. Mindestens 70 Mitglieder der Gruppe wurden zwischen 1942 und 1945 hingerichtet. Dennoch gelang es der Gruppe, ihre Aktivitäten bis in die letzten Kriegstage aufrechtzuerhalten und für die kampflose Übergabe der Stadt Hamburg an die Alliierten einzutreten.

In das organisatorische Umfeld dieser Gruppe gehört auch Anton Saefkow, der als Kommunist bereits im April 1933 für ein Jahr in das KZ Fuhlsbüttel verschleppt worden war, danach für zweieinhalb Jahre ins Zuchthaus Fuhlsbüttel wegen »Vorbereitung zum Hochverrat«. 1936 folgte seine Internierung im KZ Dachau. Wegen Widerstandstätigkeit im KZ Dachau verurteilte ihn das Oberlandesgericht Hamburg zu weiteren 30 Monaten Zuchthaushaft, die er im Zuchthaus Fuhlsbüttel verbüßte.

Als er im Juli 1939 aus der Haft entlassen wurde; nahm er Kontakt zu den ihm bekannten politischen Kräften auf und beteiligte sich am Aufbau von illegalen Gruppen. Nach dem Überfall auf die Sowjetunion im Juni 1941 schuf er in Berlin die wohl größte Gruppe im Widerstand der KPD. Von Berlin aus bestanden feste Kontakte zu Widerstandsgruppen in Magdeburg, Leipzig, Dresden und Hamburg. Ziel war es, in Umsetzung der neuen Bündnisorientierung ein Netzwerk mit Sozialdemokraten und antifaschistischen Kräften im Bürgertum herzustellen. Zu den über 500 Frauen und Männern der Gruppe gehörten neben Arbeitern auch Ärzte, Lehrer, Ingenieure und Künstler.

1942 leiteten Anton Saefkow, Bernhard Bästlein und der nach Berlin geflohene Franz Jacob die Gruppe. Sie erstellten und verbreiteten ab 1943 die illegale Zeitschrift *Die Innere Front* und bildeten eine »Operative Leitung der KPD in Deutschland«. Der politische Schwerpunkt der Widerstandsgruppen lag in den Berliner Rüstungsbetrieben, wo man gegen den Krieg agitierte und zu Sabotageaktionen aufrief. Im Sommer 1944 wurden über 280 Mitglieder der Gruppe nach Verrat verhaftet. In einem Bericht wird davon gesprochen, dass über 100 von ihnen hingerichtet wurden oder in den KZ und Haftstätten starben.

An diesen Beispielen wird bereits deutlich, dass die früheren Fraktionslinien innerhalb der antifaschistischen Kräfte, die teils zu erheblichen Konflikten geführt hatten, durch den Überfall auf die Sowjetunion obsolet wurden. Es ging weniger darum, welcher Partei oder Gruppe in der Arbeiterbewegung man angehört hatte, sondern ob die Person immer noch bereit war, aktiv für den Sturz des NS-Regimes einzutreten. Dabei waren die Formen widerständigen Handelns sehr vielfältig. Das konnten ein regelmäßiger Meinungsaustausch sein oder die Unterstützung für Angehörige von Verfolgten, die in NS-Haftstätten eingekerkert waren. Manche waren bereit, Handzettel zu verteilen oder illegale Flugschriften an vertrauenswürdige Personen weiterzugeben. Facharbeiter in den Rüstungsbetrieben waren sogar in der Lage, durch gezielte Störungen im Produktionsablauf die Kriegsproduktion zu behindern. Gerade solch weitgehende Formen von Widerstand riefen immer wieder die Gestapo und den SD auf den Plan, die durch Verhöre, Spitzeleinsatz und andere Methoden solche Behinderungen der Kriegsproduktion auszuschließen gedachten. In den 1940er Jahren findet man in den Dokumenten zahlreiche Prozessunterlagen, wo Beschäftigte – oft auch Zwangsarbeiter – wegen des Vorwurfs der Sabotage zum Tode verurteilt worden waren.

Eine der – aus der Sicht der Nazis – wohl gefährlichsten Gruppen war die Schulze-Boysen/Harnack-Organisation, die unter dem Namen »Rote Kapelle« von der Gestapo verfolgt wurde. In ihr verband sich antifaschistische Aufklärung mit praktischer Arbeit für die militärische Niederlage des deutschen Faschismus, insbesondere durch Weitergabe von Informationen an die Sowjetunion. Das Netz der »Roten Kapelle«, wie es die Verfolgungsbehörden verstanden, erstreckte sich bis nach Belgien und Frankreich.

Die Gruppe entstand aus Widerstandszirkeln und antifaschistischen Strukturen, die sich schon vor dem Krieg in Berlin zusammengefunden hatten. Man half Nazigegnern und rassistisch Verfolgten, indem man ihnen Verstecke anbot und ihre illegale Ausreise unterstützte. Anfang 1938 erschien ein erstes Flugblatt dieser Gruppe zum Spanischen Bürgerkrieg. Nach dem Münchener Abkommen erklärte ein zweites Flugblatt die Angliederung des Sudetenlandes im Oktober 1938 als Schritt in einen neuen Weltkrieg.

Adam Kuckhoff versuchte mit Beginn des Krieges, die verschiedenen Gruppen unterschiedlicher sozialer Herkunft enger zusammenzuführen. So entstand bis 1941 ein loses Netzwerk von sieben Berliner Freundes-, Diskussions- und Schulungskreisen. Es wird berichtet, dass sie über 150 NS-Gegner umfassten, unter ihnen etwa 40 Prozent Frauen.

Es waren ganz unterschiedliche Aktionsformen, die diesen Widerstand prägten. Von Harro Schulze-Boysen ist bekannt, dass er wenige Tage vor dem deutschen Überfall auf die Sowjetunion die sowjetische Botschaft in Berlin darüber informierte, was er im Reichsluftfahrtministerium erfahren hatte, wo er als Oberleutnant beschäftigt war.

Libertas Schulze-Boysen, die im Reichspropagandaministerium Zugang zu vertraulichen Unterlagen besaß, sammelte Bildmaterial über deutsche Kriegsverbrechen.

John Sieg war seit Dezember 1941 verantwortlich für die Druckschrift *Die Innere Front*. Sie berichtete über die tatsächliche Lage in Europa, enthielt Hinweise auf Moskauer Rundfunkfrequenzen, Aufrufe zum Widerstand und mehrsprachige Informationen für ausländische Zwangsarbeiter.

Hilde Coppi zeichnete heimlich in *Radio Moskau* gehörte Lebenszeichen deutscher Kriegsgefangener auf und leitete diese an deren Angehörige weiter. Zur NS-Propaganda-Ausstellung »Das Sowjetparadies« druckten Mitglieder Flugzettel, die sie am 22. Mai 1942 – vier Tage nach einem Brandanschlag der jüdischen Widerstandsgruppe um Herbert Baum auf die Ausstellung – an Berliner Häuserwände klebten.

Als programmatisches Dokument kann die im Februar 1942 von Harro Schulze-Boysen verfasste Flugschrift mit dem Titel »Die Sorge um Deutschlands Zukunft geht durch das Volk!« angesehen werden. Darin hieß es:

> »Das Gewissen aller wahren Patrioten aber bäumt sich auf gegen die ganze derzeitige Form deutscher Machtausübung in Europa. Alle, die sich den Sinn für echte Werte bewahrten, sehen schaudernd, wie der deutsche Name im Zeichen des Hakenkreuzes immer mehr in Verruf gerät. In allen Ländern werden heute täglich Hunderte, oft Tausende von Menschen standrechtlich und willkürlich erschossen oder gehenkt, Menschen, denen man nichts anderes vorzuwerfen hat, als daß sie ihrem Land die Treue halten (…) Im Namen des Reiches werden die scheußlichsten Quälereien und Grausamkeiten an Zivilpersonen und Gefangenen begangen. Noch nie in der Geschichte ist ein Mann so gehaßt worden wie Adolf Hitler. Der Haß der gequälten Menschheit belastet das ganze deutsche Volk.«[32]

Erst als es der faschistischen Abwehr gelang, einen sowjetischen Funkspruch zu entschlüsseln, begann die Ermittlungsarbeit der Gestapo. Zwischen August 1942 und März 1943 wurden ungefähr 130 Mitglieder dieser Gruppe verhaftet. Fast 60 Verhaftete, darunter ein Drittel Frauen, wurden von NS-Gerichten zum Tode verurteilt und hingerichtet, teilweise auch ohne Gerichtsurteil ermordet.

Der Verlauf des Krieges und speziell die Niederlage der 6. Armee bei Stalingrad im Februar 1943 halfen, den Mythos der »unbesiegbaren Wehrmacht« zu zerstören. Die Bombenangriffe auf deutsche Städte hatten den Krieg in das eigene Land gebracht. Zunehmend wurde deutlich, dass mit einem schnel-

---

32 www.gdw-berlin.de/fileadmin/themen/b17/bilder/3507.pdf

len Kriegsende und gar einem großartigen »Endsieg« nicht mehr zu rechnen war. Und so fanden auch bürgerliche Kräfte, beispielsweise in der »Weißen Rose«, zusammen, die sich anfangs mit der faschistischen Entwicklung arrangiert oder sie sogar begeistert unterstützt hatten, nun aber aus Sorge um die deutsche Zukunft aktiv wurden.

Ein anderes Verhalten legten junge Leute an den Tag, die sich der faschistischen Gleichschaltung der jungen Generation verweigerten. Zumeist in städtischen Milieus waren oft schon vor dem Krieg Gruppen der so genannten Swing-Jugend oder der Edelweiß-Piraten entstanden, die, teilweise in der Tradition der bündischen Jugend und der Arbeiterjugendbewegung, sich dem gesellschaftlichen Zwang zu entziehen versuchten und dabei häufig in Konflikt mit der Hitlerjugend, der NS-Administration und ihrem Verfolgungsapparat gerieten. Dieser Widerspruch führte in vielen Fällen dazu, dass sich die Jugendlichen mit anderen ebenfalls Verfolgten, mit Zwangsarbeitern, Deserteuren oder Untergetauchten verbunden fühlten und ihnen halfen. Dies begründete sich oftmals nicht aus gewachsener politischer Überzeugung, sondern schlicht aus einer Solidarität der Verfemten.

Die fortschreitende Beeinträchtigung der Kriegswirtschaft durch vermehrte Bombardierungen deutscher Städte, die massiven Auswirkungen auch für die deutsche Zivilbevölkerung, sowie die weitere Verschlechterung der militärischen Lage durch die deutsche Niederlage im Afrika-Feldzug und die Landung der Westalliierten in Süditalien im Sommer 1943 und im Juni 1944 in der Normandie förderten trotz eines noch gesteigerten NS-Terrors in der Bevölkerung die Erkenntnis, dass der Krieg nicht mehr zu gewinnen und das Regime auf Dauer nicht zu halten war. Das gilt auch bei solchen Teilen der Eliten, die nicht aufs Engste mit der NS-Hierarchie verbunden waren. In der Folge traten neue Akteure auf den Plan und ergaben sich völlig neue Bündniskonstellationen für den Widerstand. Nur Einzelne aus dem »Kreisauer Kreis« waren schon vor dem Krieg Nazigegner gewesen. Zumeist hatten sie sich – trotz innerer Distanz – mit dem Regime und seinen Zielen arrangiert. Erst der Verlauf des Krieges und die Einsicht, dass die politisch Verantwortlichen nicht mehr auf der Basis der eigenen bürgerlichen oder militärischen Rationalität agierten, führten sie zum Widerspruch und befeuerten auch Kritik auf anderen Politikfeldern, beispielsweise hinsichtlich der NS-Kirchenpolitik.

Bezeichnenderweise waren es jedoch nicht die politischen und rassistischen Verbrechen, die solchen Widerspruch auslösten, sondern die Furcht, dass durch eine ungebremste Fortsetzung der NS-Kriegspolitik Deutschland selbst unabsehbaren Schaden erleiden werde. Handlungsleitend für das Attentat vom 20. Juli war also neben manchen humanistischen Begründungen vor allem ein nationales Selbstverständnis.

Zum politischen Umfeld derjenigen, die im »Kreisauer Kreis« bereit waren, einen Umsturzversuch vorzubereiten, gehörten auch Angehörige bzw. ehemalige Funktionäre der sozialdemokratisch-gewerkschaftlichen und auch christlich-sozialen Arbeiterorganisationen. Wichtig waren dabei ihre Netzwerke, über die sie aus alten Verbindungen noch verfügten. Einzelne signalisierten Bereitschaft, in einer neuen Regierung verantwortliche Positionen zu übernehmen.

Die Sozialdemokraten Julius Leber und Adolf Reichwein nahmen darüber hinaus sogar Kontakt zur Landesleitung der KPD auf. Am 22. Juni 1944 fand ein erstes Treffen mit Franz Jacob und Anton Saefkow in Berlin statt, bei dem jedoch ein Spitzel der Gestapo anwesend war. Weitere Verabredungen wurden durch Verhaftungen verhindert. Anfang Juli wurden alle vier von der Gestapo verhaftet, im September/Oktober

1944 zum Tode verurteilt. Am 18. September 1944 wurde Anton Saefkow durch das Fallbeil im Zuchthaus Brandenburg-Görden hingerichtet.

Zum Umfeld des »Kreisauer Kreises« gehörten neben den Sozialdemokraten Julius Leber, Theodor Haubach, Carlo Mierendorff und Adolf Reichwein auch zahlreiche Gewerkschafter, die bereit waren, sich an Vorbereitungen für die Zeit nach Hitler zu beteiligen. Dazu gehörten Wilhelm Leuschner vom ADGB und Jakob Kaiser vom Christlichen Gewerkschaftsbund, selbst Max Habermann vom Deutschnationalen Handlungsgehilfenverband. Auch aus den Reihen der katholischen Arbeitervereine waren einzelne Repräsentanten wie Josef Wirmer und Bernhard Letterhaus vertreten.

Solidaritätswiderstand

In den Betrieben wurde der Krieg erst nach und nach immer spürbarer: Um die von der Wehrmacht benötigten Männer in der Industrie zu ersetzen, wurden Jugendliche und ältere Männer, auch Kriegsversehrte, sowie verstärkt Frauen in der Produktion eingesetzt. Studentinnen und Studenten mussten in den Semesterferien Pflichtarbeit in Rüstungsbetrieben leisten. Zudem wurden Arbeitskräfte aus dem Ausland zunächst angeworben, dann zum Arbeitseinsatz nach Deutschland verschleppt. Gab es anfangs tatsächlich Bestrebungen, in Frankreich und Belgien Arbeitskräfte freiwillig für Deutschland zu gewinnen, wurde spätestens über den »Reichseinsatz« und die Schaffung eines »Service du travail obligatoire » (STO, »Pflichtarbeitsdienst«) auch für französische Arbeitskräfte die Zwangsaushebung zur Regel. Da dieses immer noch nicht reichte, wurden schließlich Insassen von Kriegsgefangenen- und auch Konzentrationslagern zur Zwangsarbeit eingesetzt. Deutsche Facharbeiter rückten vielfach zu Vorarbeitern auf. Schrittweise wurden die Arbeitsbedingungen auch für letztere verschlechtert: Auskämmaktionen und Stilllegungen von nicht-kriegswichtigen Betrieben bedrohten die scheinbare Sicherheit der »unabkömmlich« (UK)-Gestellten. Und der Arbeitsdruck wurde erhöht. Jede Form von Minderleistung wurde als »Bummelantentum« oder als Sabotage verfolgt und bestraft. Zur Unterbindung solcher Form von passivem Widerstand wurde ein besonderes Bestrafungssystem eingeführt, die Arbeits-Erziehungslager (AEL), teilweise an Orten früherer Konzentrationslager, zumeist im Nahbereich der Industriezentren.

Arbeitsverweigerung und Beschädigungen der Produktionsanlagen waren praktische Möglichkeiten von Beschäftigten und Zwangsverpflichteten, sich sowohl dem wachsenden Arbeitsdruck zu entziehen, gleichzeitig auch die Kriegsproduktion konkret zu schädigen.

Für die antifaschistischen Kräfte im Deutschen Reich ergab sich durch die Verschleppung von Millionen Zwangsarbeitern, zuerst aus Polen und den westeuropäischen Ländern, später aus der Sowjetunion, die als Dienstverpflichtete oder Arbeitssklaven zur Aufrechterhaltung der Kriegsproduktion in deutschen Rüstungsbetrieben und kriegswichtigen Unternehmen, aber auch in der Landwirtschaft und in privaten Haushalten eingesetzt wurden, eine neue Herausforderung. Während SS und Unternehmen, Bauern und manche Familien aus diesem Zwangsarbeitereinsatz Profit schlugen oder anderen Nutzen zogen, waren es zumeist einfache Arbeiterinnen und Arbeiter, die diesen Menschen im Alltag Überlebensmöglichkeiten boten. Solche Solidarität äußerte sich auch in der Unterstützung von Menschen, die als Ausgegrenzte der rassistisch definierten »Volksgemeinschaft«, als »Fremde« oder »Volksfeinde« diskriminiert wurden.

Bezogen auf die Zwangsarbeiter, die in den Großbetrieben der Rüstungsindustrie eingesetzt waren, liegen vielfältige Berichte vor, dass deutsche Arbeiterinnen und Arbeiter ihnen –

auch wenn sie selber nur wenig zum Essen besaßen – immer mal wieder zusätzliche Lebensmittel (in der Regel Brot) am Arbeitsplatz liegen ließen. Seitens der Gestapo wurden solche Zeichen der Solidarität registriert und verfolgt, da sich hierin natürlich eine regimekritische Grundhaltung zeigte.

Zu den Formen proletarischer Solidarität gehörten auch symbolische Gesten, die den Sklavenarbeitern die internationale Verbundenheit signalisieren sollte. Ein anschauliches Beispiel lieferte Günter Pappenheim, Sohn des ehemaligen sozialdemokratischen Landrats von Schmalkalden, Ludwig Pappenheim. Günter – selber zur Zwangsarbeit verpflichtet – bereitete den französischen Sklavenarbeitern in seinem Betrieb eine Freude anlässlich des französischen Nationalfeiertags am 14. Juli. In einer Arbeitspause holte er seine Harmonika aus der Tasche und spielt die Marseillaise. Als er deswegen denunziert wurde, griff die Gestapo ein, verhörte ihn längere Zeit, bevor sie ihn in das KZ Buchenwald überstellte. Das zeigt, dass selbst bescheidene Gesten, die aber den Überlebenswillen der Zwangsarbeiter stärken konnten, vom NS-Regime als Widerstand interpretiert wurden. Solche Beispiele für »musikalischen« Widerstand sind aus mehreren Haftstätten oder Arbeitsorten von ausländischen Sklavenarbeitern überliefert.

Zu diesem proletarischen Rettungswiderstand gehörte insbesondere in den Kriegsjahren auch die Hilfe für Verfolgte, die nun nicht mehr ins rettende Ausland fliehen konnten. Nicht nur in Berlin, wo die Zahl der so genannten U-Boote vierstellig gewesen ist, organisierten insbesondere die Arbeiterwiderstandsorganisationen Unterstützung für Untergetauchte, die in der Illegalität lebten, und von Angehörigen von Inhaftierten. Das war unter den Bedingungen von Lebensmittelkarten und zunehmender Überwachung eine große Herausforderung.

Insbesondere aus dem Kölner Raum ist belegt, dass sich in den Trümmern der Stadt zahllose Illegale, geflohene Zwangsarbeiter und rassistisch Verfolgte verborgen hielten und von Anhängern der »Edelweiß-Piraten« unterstützt wurden.

Widerstand in Lagern und Haftstätten

Eine besondere Dimension hatte der Widerstand, der sich in den faschistischen Konzentrationslagern entwickelte. Die Lager und Haftstätten hatten zum Ziel, die »Volksfeinde« der faschistischen Gesellschaft auszuschalten, wobei im Verlauf des Krieges zunehmend auch das Prinzip der »Vernichtung durch Arbeit« praktiziert wurde. Und an diesen Orten entwickelten Häftlinge Kraft und Überlebensmut, sich unter den Augen der SS dem Terror und der Vernichtung entgegenzustellen.

Widerstand im Konzentrationslager hatte natürlich andere Formen als unter den Bedingungen relativer Freiheit im faschistischen Deutschland. Es galt, das Überleben zu ermöglichen und sich des SS-Terrors zu erwehren. Daher waren hier andere Formen des Widerstands gefordert. Es ging oft nur um kleine Gesten, ein geteiltes Stück Brot, eine erhöhte Lebensmittelration, Hilfe im Alltag, wenn die Arbeitsanforderungen der SS die eigenen Kräfte überstiegen. Existenzieller waren bereits solche Maßnahmen, die Häftlingen das Leben retteten, indem ihre Namen von Transportlisten genommen wurden oder indem sie die Identität von verstorbenen Mithäftlingen bekamen, um der Aufmerksamkeit der SS oder Gestapo entzogen zu werden. Solcher Widerstand war nur möglich, wenn vertrauenswürdige Antifaschisten Aufgaben der inneren Lagerverwaltung innehatten und diese im Interesse der Mithäftlinge ausfüllten. Natürlich blieb auch weiterhin die SS Herr über Leben und Tod, aber das Handeln der Häftlinge konnte die Überlebenschancen einzelner Mithäftlinge erhöhen. Widerstand war es auch, Mithäftlingen die Kraft zum Widerstehen zu geben, jene, die sich aufgegeben hatten, zu stabilisieren, Hoffnung zu verbreiten, indem beispielsweise Informationen über die Frontlage und den Zustand des Regimes gestreut wurden. Auch dies bedurfte der organisierten Kraft im Hintergrund. Die intensivste Form des Widerstands war der Aufbau einer politischen Organisation aller Häftlinge, die konspirativ, aber spürbar auf den Lageralltag einwirkte. Ein herausragendes Beispiel dafür ist das Internationale Lagerkomitee im KZ Buchenwald, das großen Anteil daran hatte, dass es im Lager zu einem solidarischen Umgang der über 30 Nationalitäten untereinander kam und das – mit dem Aufbau der Internationalen Militärorganisation – einen praktischen Beitrag der politischen Häftlinge zu ihrer eigenen Befreiung am 11. April 1945 leistete. Nicht vergessen werden sollten auch die bewaffneten Aktionen, mit denen sich Häftlinge in Ghettos und Vernichtungslagern gegen ihre geplante Ermordung auflehnten: der Aufstand im Warschauer Ghetto, die Massenflucht-Aktionen in Treblinka im August 1943 und in Sobibor im Oktober 1943 sowie der bewaffnete Aufstand im »Zigeunerlager« Auschwitz-Birkenau im Mai 1944.

Gegen die Agonie des Untergangs

Bekanntlich wurden von den insgesamt rund 300.000 Mitgliedern der KPD und ihrer Massenorganisationen zum Ende des Jahres 1932 während der NS-Zeit etwa 150.000 für eine mehr oder weniger lange Zeit in Haft genommen. Damit hat die KPD unter allen Parteien erkennbar die größten persönlichen Opfer im antifaschistischen Widerstand erbracht. Erwähnenswert ist außerdem, dass ein Großteil des Funktionärskörpers der KPD, Mitglieder des ZK oder der Bezirks- und regionalen Leitungen, nicht nur inhaftiert, sondern in vielfältiger Form ermordet wurde. Die Ermordung von Ernst Thälmann im KZ Buchenwald im August 1944 war ein deutliches Indiz dafür, dass das NS-Regime schon mit Sicht auf den eigenen Untergang versuchte, seine politischen Gegner ebenfalls ins Verderben zu ziehen.

Das Handeln von sozialdemokratischen und gewerkschaftlichen Kräften war in der Kriegsphase weniger durch den Versuch der politischen Organisation im Deutschen Reich, sondern vielmehr durch die Aufrechterhaltung von informellen Kontakten ins Ausland geprägt. Man wollte die im Deutschen Reich lebenden Sozialdemokraten und Sozialdemokratinnen nicht gefährden. Im Übrigen erwartete man im Londoner Exil nicht, dass der innerdeutsche Widerstand etwas zum Sturz des NS-Regimes beitragen könne.

Spätestens mit dem Scheitern des Attentats vom 20. Juli 1944 ging man davon aus, dass das NS-Regime nur von außen, durch die militärische Niederlage gestürzt werden könnte. In diesem Sinne wollte man eher im geschützten Raum abwarten und sich damit auf die Zeit nach dem Krieg vorbereiten.

Dass auch zahlreiche SPD-Funktionäre und frühere Mandatsträger im Rahmen der »Aktion Gitter« Ende August 1944 verhaftet wurden, man geht von ca. 5.000 Verhaftungen aus, von denen viele in die Konzentrationslager Buchenwald, Dachau, Neuengamme und Sachsenhausen verschleppt wurden, führte in diesen Monaten zu zahllosen Blutopfern auch im sozialdemokratischen Milieu. Francis L. Carsten, selber Mitglied bei Neu Beginnen und im britischen Exil, schließt seine Studie »Die deutschen Arbeiter und die Nazis« mit der Aussage, »noch bei seinem Zusammenbruch riss es (das Hitlerregime, U. Schn.) viele seiner Gegner mit in den Abgrund. Der Widerstand forderte unzählige Opfer.«[33]

---

33 Francis L. Carsten: Widerstand gegen Hitler. Die deutschen Arbeiter und die Nazis. Frankfurt a. M. / Leipzig 1996, S. 266

Das wohl bekannteste Opfer ist der Gewerkschafter und ehemalige hessische Innenminister Wilhelm Leuschner, der schon Mitte August 1944 als Beteiligter am »Kreisauer Kreis« verhaftet, vom Volksgerichtshof zum Tode verurteilt und am 29. September 1944 im Strafgefängnis Berlin-Plötzensee hingerichtet wurde.

Sebastian Haffner beurteilt diese Verfolgung insbesondere gegen Funktionäre der Arbeiterorganisationen als faschistische Angst vor einer Wiederholung der Erfahrungen vom November 1918: Hitler wollte damit einem vorzeitigen Kriegsabbruch vorbeugen. Er sei entschlossen gewesen, »auch ohne sichtbare Chance bis zum bitteren Ende weiterzukämpfen – in seinen Worten: ›bis fünf Minuten nach zwölf‹ – und sich darin durch niemanden stören zu lassen.«[34] Und in diese Agonie des Untergangs wollte er seinen politischen Hauptfeind, die Arbeiterbewegung und alle linken Kräfte, mit hineinreißen.

Im Gegensatz dazu versuchten in den letzten Wochen und Tagen des Krieges Antifaschisten aus der Arbeiterbewegung, aber auch konservative bürgerliche Kräfte, selbst teilweise vormalige Gefolgsleute des NS-Regimes beim Heranrücken der alliierten Truppen zu erreichen, dass sinnloses Blutvergießen und Zerstörungen vermieden wurden und Städte kampflos an die alliierten Truppen übergeben wurden. Belegt ist, dass die verbliebenen Kräfte der Bästlein-Jacob-Abshagen-Gruppe sich für die kampflose Übergabe der Stadt Hamburg einsetzten. Nicht Wenige bezahlten solche Initiative, die das Leben von tausenden Mitmenschen schützen sollte, mit dem eigenen Leben, wenn die SS, die Gestapo oder andere Nazi-Einheiten kurzfristig in die fast schon befreiten Orte zurückkehrten und hier Standgerichte abhielten.

---

34 Sebastian Haffner: Anmerkungen zu Hitler. Stuttgart 1978, S. 188

Überhaupt ist diese Phase in der Agonie des NS-Regimes von zahllosen Kriegsende-Verbrechen geprägt. Es liegt die Vermutung nahe, dass das NS-Regime auf jeden Fall verhindern wollte, dass es zu einem antifaschistischen Neubeginn kommt.

In verschiedenen Haftanstalten wurden in den letzten Tagen, teilweise Stunden politische Gefangene exekutiert. Internierte Gruppen von Zwangsarbeitern wurden wegen angeblicher Plünderung erschossen, wie am Bahnhof Kassel-Wilhelmshöhe. Auf Todesmärschen wurden transportunfähige Häftlinge am Straßenrand getötet. Eines der grausamsten Verbrechen war der Massenmord in Isenschnibbe bei Gardelegen, wo mehr als 1.000 Häftlinge auf einen Todesmarsch in eine Feldscheune getrieben wurden, die anschließend in Brand gesteckt wurde.

Trotz solcher brutalen Massenmorde und anderer Kriegsendzeit-Verbrechen weigerten sich Arbeiter in ihren Betrieben, die – im Rahmen des Befehls der »verbrannten Erde« – befohlene Selbstzerstörung von Produktionsanlagen umzusetzen, wussten sie doch, dass ohne solche Anlagen ein wirtschaftlicher Neubeginn nur schwer zu realisieren sein würde.

Kapitel V

1945 und später

Der antifaschistische Neuanfang

Michael Schneider fasste die Bedeutung des Arbeiterwiderstandes in einem Vortrag 2018 folgendermaßen zusammen:

> »Der Widerstand aus der Arbeiterbewegung hat das NS-System nicht zerstört, aber auch umgekehrt gilt: Das NS-Regime hat die Tradition der Arbeiterbewegung nicht auf Dauer vernichtet. Sie waren bekanntlich nicht erfolgreich, da sie weder den Weg in den Krieg, noch die Massenvernichtung jüdischer Menschen, Sinti und Roma und vieler nicht zur ›Volksgemeinschaft‹ zählender Menschen verhindern konnten. Auch war die Zerschlagung der faschistischen Barbarei nach 12 Jahren NS-Regime das Ergebnis des militärischen Vormarsches der Armeen der Anti-Hitler-Koalition. Aber diese Frauen und Männer, die sich oftmals schon vor 1933 dem Vormarsch der NSDAP und ihrer Machteinsetzung entgegengestellt haben, wurden und werden zurecht als Teil der Anti-Hitler-Koalition angesehen, die die Befreiung von Faschismus und Krieg 1945 ermöglicht haben.«[35]

Aber nicht nur das. In den Haftstätten und im Exil hatten die Antifaschisten aus der Arbeiterbewegung in den letzten Kriegsjahren ihre Vorstellungen für eine Neuordnung nach der militärischen Zerschlagung des deutschen Faschismus durch

---

35 Michael Schneider: Lange unterschätzt: Der Widerstand aus der Arbeiterbewegung im Zweiten Weltkrieg, www.stiftung-20-juli-1944.de

die Alliierten formuliert. Dabei ging es nicht um Parteipolitik, sondern um die Grundsätze der politischen und sozialen Ausrichtung der Gesellschaft. Der ehemalige sozialdemokratische hessische Innenminister, zugleich Vorstandsmitglied des ADGB, Wilhelm Leuschner formulierte mit seinem Appell »Schafft die Einheit!«, den er am Vorabend seiner Hinrichtung seinem Mithäftling Gustav Dahrendorff, ehemals SPD-Reichstagsabgeordneter, im September 1944 auf den Weg gegeben hatte, dazu ein bis heute gültiges politisches Vermächtnis.

Das wohl bekannteste Dokument der politischen Neuorientierung ist die Erklärung der 21.000 überlebenden Häftlinge von Buchenwald, die am 19. April 1945 auf dem Appellplatz antraten und ihrer mehr als 50.000 ermordeten Mitgefangenen gedachten. In diesem »Schwur von Buchenwald« heißt es:

> »Wir danken den verbündeten Armeen der Amerikaner, Engländer, Sowjets und allen Freiheitsarmeen, die uns und der gesamten Welt den Frieden und das Leben erkämpfen. (…)
>
> Wir Buchenwalder, Russen, Franzosen, Polen, Tschechen, Slowaken und Deutsche, Spanier, Italiener und Österreicher, Belgier und Holländer, Engländer, Luxemburger, Rumänen, Jugoslawen und Ungarn kämpften gemeinsam gegen die SS, gegen die nazistischen Verbrecher, für unsere eigene Befreiung. Uns beseelte eine Idee: Unsere Sache ist gerecht – Der Sieg muss unser sein! (…) Wir schwören deshalb vor aller Welt auf diesem Appellplatz, an dieser Stätte des faschistischen Grauens: Wir stellen den Kampf erst ein, wenn auch der letzte Schuldige vor den Richtern der Völker steht! Die Vernichtung des Nazismus mit seinen Wurzeln ist unsere Losung. Der Aufbau einer neuen Welt des Friedens und der Freiheit ist unser Ziel. Das sind wir unseren gemordeten Kameraden, ihren Angehörigen schuldig.«[36]

36 zit. nach Emil Carlebach / Willy Schmidt / Ulrich Schneider: Buchenwald – ein Konzentrationslager. Bonn 2000, S. 153

Der Satz »Vernichtung des Nazismus mit seinen Wurzeln« war für alle ehemaligen Häftlinge des Lagers eine eindeutige Aussage. Die Antifaschisten verstanden darunter nicht allein die Auflösung der NSDAP und aller faschistischen Massenorganisationen, sondern die Ausschaltung ehemaliger Nazis aus allen gesellschaftlichen Bereichen, den Verwaltungen, dem öffentlichen Leben und der Wirtschaft.

Die »Wurzeln des Nazismus« sah man zudem in der Unterstützung des Aufstiegs und der Machteinsetzung der NSDAP durch wirtschaftlich Mächtige der Weimarer Zeit. Zwar kannte man damals noch nicht die Eingabe führender Industrieller, Bankiers und Großgrundbesitzer nach der Novemberwahl von 1932, aber es war klar, dass nie wieder wirtschaftliche Macht zur Durchsetzung undemokratischer Ziele genutzt werden dürfe.

Sehr viel konkreter formulierten zwei weitere Dokumente, die in Buchenwald entstanden sind, die sich daraus ergebenden gesellschaftspolitischen Zielsetzungen, nämlich das »Manifest der demokratischen Sozialisten«, das im Sinne des »Prager Manifests« von 1934 eine politische Neuaufstellung und gesellschaftliche Umgestaltung forderte, und die Entschließung des Buchenwalder »Volksfront-Komitees«, dem Hermann L. Brill (SPD) als Vorsitzender, Dr. Werner Hilpert (Zentrumspartei, später CDU), Ernst Thape (SPD) und Walter Wolf (KPD) angehörten. Hierin zeigte sich ein Grundkonsens, der nicht allein die deutschen Antifaschisten einte, sondern sich auch in politischen Orientierungen und Entscheidungen der Alliierten niederschlug.

Die erste programmatische Erklärung einer wieder zugelassenen politischen Partei, in der Grundsätze für einen politischen Neuanfang formuliert wurden, war der Aufruf der KPD vom 11. Juni 1945. Interessanterweise ist es die Partei, die mit der größten Berechtigung auf die antifaschistische Haltung ihrer Mitglieder hätte verweisen können, die gleichermaßen die Verantwortung der deutschen Bevölkerung für die Situation des Jahres 1945 benennt. Natürlich wird die Rolle der Großindustrie, der Großgrundbesitzer und aller Profiteure der NS-Herrschaft betont, aber gleichzeitig erklärt:

> »Umso mehr muss in jedem deutschen Menschen das Bewusstsein und die Scham brennen, dass das deutsche Volk einen bedeutenden Teil Mitschuld und Mitverantwortung für den Krieg und seine Folgen trägt. Nicht nur Hitler ist schuld an den Verbrechen, die an der Menschheit begangen wurden! Ihr Teil Schuld tragen auch die zehn Millionen Deutsche, die 1932 bei freien Wahlen für Hitler stimmten, obwohl wir Kommunisten warnten: ›Wer Hitler wählt, der wählt den Krieg!‹ (…) Schuld tragen alle jene Deutschen, die in der Aufrüstung die ›Größe Deutschlands‹ sahen und im wilden Militarismus, im Marschieren und Exerzieren das alleinseligmachende Heil der Nation erblickten. Unser Unglück war, dass Millionen und Abermillionen Deutsche der Nazidemagogie verfielen, dass das Gift der tierischen Rassenlehre, des ›Kampfes um Lebensraum‹ den Organismus des Volkes verseuchen konnte. Unser Unglück war, dass breite Bevölkerungsschichten das elementare Gefühl für Anstand und Gerechtigkeit verloren und Hitler folgten, als er ihnen einen gutgedeckten Mittags- und Abendbrottisch auf Kosten anderer Völker durch Krieg und Raub versprach. So wurde das deutsche Volk zum Werkzeug Hitlers und seiner imperialistischen Auftraggeber.«

Aber sie sahen die Schuld nicht nur bei der Masse der Bevölkerung, sondern formulierten selbstkritisch,

> »dass auch wir uns schuldig fühlen, indem wir es trotz der Blutopfer unserer besten Kämpfer infolge einer Reihe unserer Fehler nicht vermocht haben, die antifaschistische Einheit der Arbeiter, Bauern und Intelligenz entgegen allen Widersachern zu schmieden, im werktätigen Volk die Kräfte für den Sturz Hitlers zu sammeln.«[37]

37 1000dok.digitale-sammlungen.de/dok_0009_ant.pdf

Eine derart selbstkritische Analyse der eigenen Rolle im Widerstand suchte man bei anderen Parteien 1945 vergeblich.

Am 15. Juni 1945, wenige Tage nach dem Gründungsmanifest der KPD, erschien der Aufruf des Zentralausschusses der SPD zur Neugründung. Autoren waren u. a. Max Fechner, Erich Gniffke und Otto Grotewohl. Der Aufruf setzte sich für eine parlamentarische Demokratie in Deutschland ein, forderte gleichzeitig Sozialisierungen in Wirtschaft und Gesellschaft unter der Losung »Kampf gegen den Faschismus, für die Freiheit des Volkes, für Demokratie und Sozialismus!«

Auch dieser Aufruf begann mit einer Situationsbeschreibung, sah jedoch das deutsche Volk vor allem als »missbrauchtes Opfer« der Nazis.

> »Der Nazifaschismus ist in einem grausigen Abgrund der Vernichtung versunken! Er hat das deutsche Volk in tiefster seelischer Qual, in einer unvorstellbaren Not zurückgelassen! Das Gefühl für Rechtlichkeit ist gelähmt! Die nackte Not grinst dem Volke aus den Ruinen vernichteter Wohnungen und geborstener Fabriken entgegen. Hitlers Cäsarenwahnsinn ist durch die siegreichen verbündeten Armeen ausgemerzt und damit die militärische Raubgier des deutschen Imperialismus für alle Zeiten vernichtet. Das deutsche Volk muß die Kosten der faschistischen Hochstapelei bezahlen! Ehrlose Hasardeure und wahnwitzige Machtpolitikaster haben den Namen des deutschen Volkes in der ganzen Welt geschändet und entehrt. (…) Die Geschichte erteilt dem deutschen Volk die eherne Lehre, sich auf seinem dornenvollen Opfergang, trotz Hunger und Elend, durch unermüdliche Arbeit und eisernen Willen die Achtung aller friedlichen, freiheitliebenden Völker zu erwerben.
>
> Niemals und von niemandem soll das deutsche Volk je wieder als vertrauensseliges Opfer gewissenloser politischer Abenteurer mißbraucht werden.«

Als politische Konsequenz wurde ein Neun-Punkte-Programm formuliert, was von der Bewältigung der Alltagsprobleme bis zu gesellschaftspolitischen Konsequenzen reichte. Der Aufruf endete mit dem Appell:

> »Unser armes und gequältes Volk muß durch die Schuld Hitlers durch unsägliches Elend und ein tiefes Tal des Leides gehen! Wir wollen mithelfen, es wieder emporzuführen zu den Höhen einer menschenwürdigen Kultur, zu der Freundschaft mit allen Völkern der Welt.
>
> Wir wollen vor allem den Kampf um die Neugestaltung auf dem Boden der organisatorischen Einheit der deutschen Arbeiterklasse führen! Wir sehen darin eine moralische Wiedergutmachung politischer Fehler der Vergangenheit, um der jungen Generation eine einheitliche politische Kampforganisation in die Hand zu geben.«[38]

Tatsächlich war die vorrangige Aufgabe in diesen Wochen weniger die Formulierung von politischen Programmen, als vielmehr die Notwendigkeit der praktischen Arbeit für den Wiederaufbau und einen antifaschistisch-demokratischen Neubeginn. Dabei übernahmen die heimgekehrten Antifaschisten unmittelbar Verantwortung. Sie reorganisierten im Auftrag der alliierten Besatzungsoffiziere das politische und gesellschaftliche Leben. Sie wurden Bürgermeister, Polizeichefs, Schul- und Sozialdezernenten oder – wie der ehemalige Dachau-Häftling und Kommunist Oskar Müller – Arbeitsminister in der ersten hessischen Landesregierung.

Das Heft des Handelns lag in diesen Monaten jedoch nicht bei den deutschen Antifaschisten, sondern bei den alliierten Siegermächten. So hatte die US-amerikanische Besatzungsmacht schon 1944 begonnen, Regeln für die Besatzungstruppen aufzustellen. Sie mündeten in einem Handbuch für die Truppe, das unter der Bezeichnung »Direktive JCS 1067 für

---

38 Sozialdemokratische Partei Deutschlands (SPD): Aufruf zum Neuaufbau der Organisation, 15. Juni 1945, germanhistorydocs.ghi-dc.org

die Behandlung Deutschlands in der Zeit unmittelbar nach der Niederlage« bekannt ist. Zwar gab es ein »Fraternisierungsverbot«, aber für das Funktionieren von Verwaltungen sollten auf die durch Entnazifizierung freigewordenen Stellen Antifaschisten, Vertreter freier Gewerkschaften und Personen aus antinationalsozialistischen Gruppen und Parteien eingesetzt werden. Zu diesem Zweck hatte man bereits seit 1944 in den USA und Großbritannien von deutschen Antifaschisten im Exil Listen von vertrauenswürdigen Personen zusammenstellen lassen, die den Offizieren der Militärverwaltung an die Hand gegeben wurden. Da im westlichen Exil insbesondere Sozialdemokraten und Gewerkschafter lebten, gaben sie ihr Wissen an die Offiziere der zukünftigen Militärverwaltung weiter, so dass sich auf diesen Listen viele ehemalige Mandatsträger der SPD und der Deutschen Demokratischen Partei fanden.

Noch wirkte die Gemeinsamkeit der Anti-Hitler-Koalition, als in den Konferenzen von Jalta und im Juli/August 1945 auf der Potsdamer Konferenz Grundlinien für eine Neuordnung Europas definiert wurden. Auf internationaler Ebene schufen die Alliierten als Grundlage einer stabilen und friedlichen Nachkriegsordnung die Vereinten Nationen, die die Rolle eines nichtmilitärischen Konfliktvermittlers übernehmen sollten. Krieg sollte zukünftig kein Mittel der Politik mehr sein. Die europäischen Nachkriegsgrenzen wurden neu fixiert und Maßnahmen zur Umsiedlung ergriffen bzw. bestätigt, die das Aufkommen und Schüren von Konflikten um nationale Minderheiten (Irredenta-Gruppen) und ihre Ausnutzung zu Aggressionszwecken zukünftig verhindern sollten.

Neben der territorialen Neuordnung wurden die politischen Grundsätze über die Behandlung Deutschlands konkretisiert. Selbst vor dem Hintergrund des sich ankündigenden »Kalten Krieges« wollten die Alliierten in allen deutschen Besatzungszonen vergleichbare politische und soziale Bedingungen herstellen. Die Entscheidungen zur politischen Neuordnung orientierten sich an den »großen Ds« (Demilitarisierung, Denazifizierung, Demonopolisierung, Demokratisierung, Dezentralisierung), wie sie in den Grundsätzen zur Behandlung Deutschlands auf der Potsdamer Konferenz beschlossen wurden.[39]

In diesen Punkten spiegelten sich die politischen Überzeugungen der Frauen und Männer aus dem Arbeiterwiderstand ebenso wider wie die damaligen Haltungen der Alliierten.

1. Demilitarisierung bedeutete nicht allein die Auflösung der Wehrmacht sowie die juristische Verfolgung der verantwortlichen Generäle, sondern auch die Überwindung der Militarisierung der Gesellschaft, der Arbeitswelt und der Erziehung.
2. Denazifizierung bedeutete nicht nur die Auflösung der NSDAP und aller faschistischen Massenorganisationen, sondern die Ausschaltung ehemaliger Nazis aus allen gesellschaftlichen Bereichen und die politisch Verantwortlichen vor ein Gericht der Völker zu stellen. Die Alliierten schufen dafür das Nürnberger Kriegsverbrechertribunal, das vom November 1945 bis Oktober 1946 für die Verurteilung der Hauptkriegsverbrecher zuständig war, sowie die Militärgerichte für die Nachfolgeprozesse in der Verantwortung der jeweiligen Alliierten.
3. Demonopolisierung war mit der Erkenntnis verbunden, dass wirtschaftliche Macht zur Durchsetzung undemokratischer Ziele genutzt worden war. Gleichzeitig traten die westlichen Alliierten für die Entflechtung von marktbeherrschenden Unternehmen wie z. B. des IG-Farben-Konzerns ein. Weitergehende Forderungen nach Überführung der Schlüsselindustrie und Banken in Gemeineigentum so-

39 vgl. Ulrich Schneider: Zukunftsentwurf Antifaschismus. Bonn 1997, S. 7f

wie die Auflösung von Großgrundbesitz stießen schon bald auf den Widerstand der Westalliierten.

4. Demokratisierung war ein Kerngedanke aller politischen Maßnahmen. Gegenüber der Willkürherrschaft der Nazis sollte nunmehr eine Gesellschaft errichtet werden, die jedem Einzelnen unveräußerliche Menschenrechte, Rechtssicherheit und Schutz der Persönlichkeit garantiert. Eine umfassende Demokratisierung von Staat und Gesellschaft sollte nicht nur durch die Zulassung demokratischer Parteien und Gewerkschaften erreicht werden, sondern durch eine umfassende Mitsprache der Bevölkerung in allen gesellschaftlich relevanten Fragen.
5. Dezentralisierung beinhaltete die Beseitigung des faschistischen Führerprinzips und die Wiederherstellung föderaler staatlicher Strukturen. Viele Bereiche der gesellschaftlichen Vorsorge, aber auch Erziehung, Kultur und Bildungswesen wurden wieder als Aufgaben der Länder definiert. Gleichzeitig musste der Aufbau aller Organisationen und Parteien – auch der antifaschistischen Verbände – von unten nach oben erfolgen. Erst wurden Kreisorganisationen zugelassen. Länder- oder Zonenvorstände bzw. interzonale Zusammenschlüsse bedurften der Genehmigung der jeweiligen Besatzungsmacht.

Neben diesen fünf Aspekten, die sich in den Regelungen der Potsdamer Konferenz niederschlugen, traten Antifaschisten aus den Arbeiterorganisationen für weitere Grundsätze ein:

6. Das Sozialstaatsprinzip ging davon aus, dass zu einer gerechten und demokratischen Gesellschaft auch soziale Gerechtigkeit gehöre. Arbeitslosigkeit, Not und soziale Ungerechtigkeit galten als Nährboden für die Anfälligkeit der Bevölkerung für die faschistische Demagogie. Zum Sozialstaatsprinzip gehörte deshalb auch die Forderung nach einem Recht auf Arbeit und einem Recht auf Wohnung.

7. Die Völkerverständigung war eine gemeinsame antifaschistische Vision. Wie im »Schwur von Buchenwald« ging es um die Schaffung einer Welt des Friedens und der Freiheit. Krieg müsse aus dem Leben der Völker verbannt werden. In der Hessischen Landesverfassung von 1946 heißt es in Artikel 69 »Hessen bekennt sich zu Frieden, Freiheit und Völkerverständigung. Der Krieg ist geächtet. Jede Handlung, die mit der Absicht vorgenommen wird, einen Krieg vorzubereiten, ist verfassungswidrig.«
8. Antifaschistische Einheit sah man als politische Voraussetzung für die Durchsetzung dieser Ziele gegenüber der deutschen Bevölkerung. Nur so glaubte man, die große Zahl der Deutschen, die sich bis zum bitteren Ende mit dem NS-Regime identifiziert hatten oder durch Faschismus und Krieg demoralisiert und entmutigt waren, für einen Neubeginn gewinnen zu können.

Um die Einheit zu realisieren entstanden zumeist auf Initiative der Nazigegner aus der Arbeiterbewegung in allen Besatzungszonen überparteiliche antifaschistische Komitees, teilweise antifaschistisch-demokratische Allparteien-Koalitionen. Doch solche Strukturen durften nur auf lokaler oder regionaler Ebene arbeiten. Als zivilgesellschaftliche Organisationen, in denen die Frauen und Männer aus dem Arbeiterwiderstand einen bedeutenden Anteil hatten, entstanden seit Sommer 1945 in allen Besatzungszonen Überlebendenverbände. In Stuttgart die »Vereinigung der politischen Gefangenen und Verfolgten des Nazi-Systems«, in Hamburg das »Komitee ehemaliger politischer Gefangener« oder in Kassel der »Bund ehemaliger politischer Gefangener«. Erst ab 1946 konnten sie sich auf Zonenbasis zusammenschließen und einen gemeinsamen Rahmen schaffen. So trafen sich im August 1946 angesichts der sich bereits abzeichnenden Ost-West-Konfrontation und des beginnenden Kalten Kriegs in Hanau Vertreter der Verfolgtenverbände aus verschiedenen Besatzungszonen. Als programmatische Grundsätze formulierten sie: »Über alle Schichten, Konfessionen und Rassen und Parteien hinweg schließen sich die Kämpfer gegen den Nazismus und die vom Nazi-Regime Verfolgten zu einer überparteilichen Organisation zur Vereinigung der Verfolgten des Nazi-Regimes (VVN) zusammen«.[40]

Schon damals sah man es als Aufgabe an, nicht nur den antifaschistisch-demokratischen Neubeginn zu unterstützen und die sozialpolitischen Interessen der Verfolgten und ihrer Angehörigen zu vertreten, sondern »den tapferen offenen Kampf der deutschen Widerstandsbewegung aufzuzeigen und zu würdigen«, wie es in Hanau formuliert wurde.

Auch der gewerkschaftliche Neubeginn verlief nicht ohne Schwierigkeiten. Im Londoner Exil hatte die Landesgruppe Deutscher Gewerkschafter schon 1944 erwartet, dass sich die ersten Formen gewerkschaftlicher Interessenvertretung aus den illegalen Organisationen gegen das Naziregime entwickeln. Diese sollten betriebliche und örtliche Ausschüsse bilden. Die Ausschüsse sollten die Interessen der Arbeitenden im Betrieb und in der Selbstverwaltung vertreten und, besonders in der Übergangszeit, in der örtlichen Verwaltung, in der Lebensmittelversorgung und bei der Behebung sozialer und wirtschaftlicher Notstände mitwirken. Bezogen auf politische Parteien sollte folgendes gelten:

> »Gewerkschaften dürfen in keinem Abhängigkeitsverhältnis zu politischen Parteien stehen. Mit sozialistischen und anderen demokratischen Parteien verbindet sie die gleiche Zielsetzung: Demokratische Umgestaltung von Staat und Gesellschaft, wirtschaftliche Sicherheit und soziale Gerechtigkeit und Völkerverständigung.«[41]

40 Schneider: Zukunftsentwurf, a. a. O., S. 18

41 Die neue deutsche Gewerkschaftsbewegung. Programmvorschläge für einen einheitlichen deutschen Gewerkschaftsbund, o. O, o. J. [London 1945], S. 5-7

In diesem Sinne wurde die erste antifaschistische Gewerkschaft bereits am 18. März 1945 in Aachen gegründet, der deutschen Stadt, die Wochen zuvor von den Westalliierten befreit wurde. Gegründet wurde ein »Freier Deutscher Gewerkschaftsbund« (FDGB). Die westlichen Besatzungsoffiziere beobachteten die Gründung von Einheitsgewerkschaften mit Argwohn. Als sich Mitte April 1945 in Kassel etwa 40 ehemalige Gewerkschafter im Rathaus versammelten, um hier einen Freien Gewerkschaftsbund zu gründen, wurde die Versammlung von der US-Militärpolizei aufgelöst, weil die Antifaschisten nicht auf eine Genehmigung der Besatzungsoffiziere gewartet hatten.

Auf dem Gebiet der Sowjetischen Besatzungszone (SBZ) wurden Gewerkschaften am 10. Juni 1945 durch den Befehl Nr. 2 der Sowjetischen Militäradministration in Deutschland (SMAD) zugelassen. Schon am 2. Juni waren Vertreter der früheren Gewerkschaften mit der Bildung einer Einheitsgewerkschaft beauftragt worden. Am 13. Juni konstituierte sich der Vorbereitende Gewerkschaftsausschuss für Groß-Berlin, der wegen des Viermächte-Status Berlins eine eigenständige Organisation bilden musste, sowie der FDGB und seine Bezirksverbände in der SBZ.

Vor welchen Herausforderungen man sich sah, formulierte Hans Böckler im August 1945 auf einer Gewerkschaftssitzung:

> »Bist du nicht mitverantwortlich an dem, was geschah? Diese Frage gilt auch in dem Sinne, dass man nicht das Äußerste, das Letzte getan hat zur Verhinderung der nazistischen Verbrechen. (…) unser Vorsatz (kann) nicht anders sein, als dass wir uns entschließen, an der Verantwortung teilzunehmen. Geist und Hände müssen so kräftig wie nur immer möglich geregt werden, um die Schuld zu tilgen, die auch unsere Schuld sein mag.«[42]

---

42 zit. nach Hans-Böckler-Stiftung: »… gerade Dich, Arbeiter, wollen wir.« Nationalsozialismus und freie Gewerkschaften im Mai 1933, 2008, S. 25

In diesem Sinne konstituierte sich ab Ende 1945 in allen Teilen der amerikanischen Besatzungszone ein »Freier Gewerkschaftsbund«, der bewusst auf überparteilicher Basis gegründet wurde. Bei dem Gründungskongress in Hessen hielt der ehemalige Buchenwald-Häftling und damalige hessische Innenminister Hermann Brill die Grußansprache für die Landesregierung.

Natürlich waren der antifaschistisch-demokratische Neubeginn und die Beseitigung der Trümmer auf den Straßen und in den Köpfen der Menschen prioritär. Dazu gehörte aber auch ein Neuanfang des kulturellen und gesellschaftlichen Lebens. Doch von den vom NS-Regime aufgelösten Arbeitersport-, Arbeitergesangsvereinen und anderen Arbeiterkulturorganisationen wurden nur die Naturfreunde als deutschlandweite Struktur wieder aufgebaut. Ausgangspunkt waren zumeist die rückübertragenen Naturfreundehäuser, um die herum sich das politische Freizeitleben neu entwickelte. Die Wiedergründung der Arbeitersportvereine wurde – wie der Sportbetrieb insgesamt – bis in das Jahr 1946 behindert. Wie problematisch die Neugründung als Arbeitersportverein war, musste der Rad- und Kraftfahrbund »Solidarität« erleben, dessen Wiederaufbau durch den Bund Deutscher Radfahrer (BDR) aktiv behindert wurde. Dabei ging es vor allem um die Rückgabe des 1933 konfiszierten Eigentums und um Entschädigungen. Der BDR wurde 1948 wiedergegründet, der Arbeiter-Radfahrerbund »Solidarität« ein Jahr später. Erst 1977, nach einem Urteil des Bundesgerichtshofs, wurde die »Solidarität« in den Deutschen Sportbund aufgenommen. Gleichzeitig pochte der BDR auf seine Monopolstellung im Radsport. Da die fehlende Zulassung zum DSB faktisch den Ausschluss von Sportlern der »Solidarität« von Wettbewerben bedeutete, wechselten viele Aktive in den BDR.

Was blieb vom Arbeiterwiderstand?
Trotz aller positiven Signale eines antifaschistischen Neubeginns wurde – insbesondere in den Westzonen und der späteren BRD – sehr bald deutlich, dass die Erinnerung an den Arbeiterwiderstand – seine Leistungen und Zielsetzungen – im Widerspruch zum vorherrschenden Geschichtsbild stand. Kalter Krieg und beginnende Restaurationspolitik gingen einher mit der Verdrängung der Erinnerung an den tatsächlich geleisteten Widerstand aus den Reihen der Arbeiterbewegung. Es gab Gedenkveranstaltungen, oftmals wurden sie jedoch überlagert durch das Gedenken der »Kriegstoten«, bei denen der deutschen Soldaten und Opfer in der Zivilbevölkerung gleichermaßen gedacht wurde. Die westdeutsche Mehrheitsgesellschaft war selten bereit, sich der Verantwortung für die faschistischen Verbrechen zu stellen und durch den Arbeiterwiderstand daran erinnert zu werden, dass man selber nicht widerstanden, mehr noch, oftmals aktiv das NS-Regime mitgetragen hatte

In der SBZ und später in der DDR erhob man die Erinnerung an den Arbeiterwiderstand zu einem Fundament des neuen Staats, wobei insbesondere die Rolle der Kommunistischen Partei ins Zentrum des gesellschaftlichen Gedenkens rückte. Im Gegensatz dazu war in der BRD die Erinnerung an den Arbeiterwiderstand zumeist Anliegen und Aufgabe der Antifaschisten und ihrer Verbände selber, die über viele Jahrzehnte hinweg die einzigen waren, die diesen Teil der deutschen Geschichte lebendig hielten. So entstanden Broschüren und antifaschistische Buchreihen (»Bibliothek des Widerstands«). Bei den verschiedenen Formen gesellschaftlichen Erinnerns wirkten die Frauen und Männer aus dem Arbeiterwiderstand selber als Zeitzeugen mit großem persönlichen Einsatz für die Bewahrung des Vermächtnisses.

Literaturhinweise

Es gibt – insbesondere in der Regionalgeschichtsschreibung – eine große Zahl von Veröffentlichungen, in denen Dokumente und Darstellungen zur Geschichte des Arbeiterwiderstands zu finden sind. Die hier genannten Titel verstehen sich als Hinweise zur weiterführenden Beschäftigung mit dem Thema.

Abendroth, Wolfgang: Der Widerstand der Arbeiterbewegung, in: Edgar Weick (Hg.), Deutscher Widerstand 1933-1945. Heidelberg 1967, S. 76-96

Die Antifaschistische Aktion, hg. v. Heinz Karl und Erika Kücklich. (Ost-)Berlin 1965

Carlebach, Emil / Schmidt, Willy / Schneider, Ulrich: Buchenwald – ein Konzentrationslager. Bonn 2000

Carsten, Francis L.: Widerstand gegen Hitler. Die deutschen Arbeiter und die Nazis. Frankfurt a. M. / Leipzig 1996

Friedrich-Ebert-Stiftung: Erschlagen, hingerichtet, in den Tod getrieben: Gewerkschafter als Opfer des Nationalsozialismus. Bonn 1995

Geschichte der deutschen Arbeiterbewegung in acht Bänden, hg. v. Institut für Marxismus-Leninismus beim Zentralkomitee der SED, Bd. 5. (Ost-)Berlin 1966

Gottschaldt, Eva: Antifaschismus und Widerstand. Der Kampf gegen den Faschismus in Deutschland 1933-1945. Heidelberg 1985

Hans-Böckler-Stiftung: »… gerade Dich, Arbeiter, wollen wir.« Nationalsozialismus und freie Gewerkschaften im Mai 1933. Broschüre zur Ausstellung 2008

Herlemann, Beatrix: Der deutsche kommunistische Widerstand während des Krieges. Beiträge zum Widerstand 1933-1945. Berlin 1989

Hochmuth, Ursel: Illegale KPD und Bewegung »Freies Deutschland« in Berlin und Brandenburg 1942-1945. Berlin 1998

Kühnrich, Heinz: Die KPD im Kampf gegen die faschistische Diktatur 1933-1945. (Ost-)Berlin 1983

Lexikon des deutschen Widerstandes, hg. v. Wolfgang Benz und Walter H. Pehle. Frankfurt a. M. 1994

Mason, Timothy W.: Arbeiterklasse und Volksgemeinschaft. Dokumente und Materialien zur deutschen Arbeiterpolitik 1936 -1939. Opladen 1975

Merson, Allan: Kommunistischer Widerstand in Nazideutschland. Essen 2020

Mielke, Siegfried / Frese, Matthias: Die Gewerkschaften im Widerstand und in der Emigration 1933-1945. Frankfurt a. M. 1999

Mielke, Siegfried (Hg.): Gewerkschafterinnen im NS-Staat: Verfolgung, Widerstand, Emigration. Essen 2008

Mielke, Siegfried / Morsch, Günter (Hg.): »Seid wachsam, dass über Deutschland nie wieder die Nacht hereinbricht.« Gewerkschafter in Konzentrationslagern 1933-1945. Berlin 2011

Peukert, Detlev: Ruhrarbeiter gegen den Faschismus. Dokumentation über den Widerstand im Ruhrgebiet 1933-1945. Frankfurt a. M. 1976

Peukert, Detlev: Die KPD im Widerstand. Verfolgung und Untergrundarbeit an Rhein und Ruhr 1933 bis 1945. Wuppertal 1980

Pikarski, Margot / Uebel, Günter: Der antifaschistische Widerstandskampf der KPD im Spiegel des Flugblattes 1933-1945. Frankfurt a. M. 1978

Schmiechen-Ackermann, Detlef: Nationalsozialismus und Arbeitermilieu. Der nationalsozialistische Angriff auf die proletarischen Wohnquartiere und die Reaktion in den sozialistischen Vereinen. Bonn 1998

Schneider, Ulrich: Antifaschismus. Basiswissen. Köln 2017

Schneider, Ulrich: 1933 – Der Weg ins Dritte Reich. Analysen und Dokumente zur Errichtung der NS-Herrschaft. Köln 2023

Der Widerstand gegen den Nationalsozialismus. Die deutsche Gesellschaft und der Widerstand gegen Hitler, hg. v. Jürgen Schmädecke und Peter Steinbach. München 1985

Ulrich Schneider
1933 – Der Weg ins Dritte Reich
Analysen und Dokumente zur
Errichtung der NS-Herrschaft
Paperback, 223 Seiten
ISBN 978-3-89438-794-5, € 16,90 [D]

Ulrich Schneider zeigt, wie die Errichtung der NS-Diktatur in Übereinstimmung mit Eliten aus Wirtschaft, Politik und Militär systematisch vorbereitet und realisiert wurde. Wer hat sie gewollt, wer hat sich ihr widersetzt und wie wurde sie herbeigeführt? Was war ihr Zweck und welche Ziele wurden damit verfolgt?

PapyRossa Verlag
Tel.: (02 21) 44 85 45, Fax: 44 43 05
www.papyossa.de – mail@papyrossa.de

Ulrich Schneider
Antifaschismus
Basiswissen Politik/
Geschichte/Ökonomie
Pocketformat, 135 Seiten
ISBN 978-3-89438-543-9, € 9,90 [D]

Zunächst stark durch die Arbeiterbewegung geprägt, repräsentierte Antifaschismus nach 1933 und in der Anti-Hitler-Koalition ein breiteres Spektrum. Heute heißt Antifaschismus Einsatz gegen soziale Ausgrenzung, Rassismus und gegen Krieg, für demokratische und soziale Rechte – ist er analytische Kategorie, aber vor allem auch Praxis.